《中国版权事业二十年》编委会名单

主　　任：柳斌杰

副 主 任：阎晓宏

委　　员：（按姓氏笔画排列）

　　　　　王自强　孙　悦　张秀平　邹建华　段玉萍　段桂鉴

主　　编：王自强

执行主编：孙　悦

副 主 编：段桂鉴　张秀平

策划统筹：郑晓红　赵　杰

撰 稿 人：常　青　张志宇　马力海　方　圆　郑向荣　张钦坤　郑晓红

国家版权局 编

1990-2010

中国版权事业二十年

COPYRIGHT CAUSE 20 YEARS OF CHINA

人民出版社

建设创新型国家，核心就是把增强自主创新能力作为发展科学技术的战略基点，走出中国特色自主创新道路，推动科学技术的跨越式发展；就是把增强自主创新能力作为调整产业结构、转变增长方式的中心环节，建设资源节约型、环境友好型社会，推动国民经济又快又好发展；就是把增强自主创新能力作为国家战略，贯穿到现代化建设各个方面，激发全民族创新精神，培养高水平创新人才，形成有利于自主创新的体制机制，大力推进理论创新、制度创新、科技创新，不断巩固和发展中国特色社会主义伟大事业。

——胡锦涛

世界未来的竞争，就是知识产权的竞争，集中表现在一流的技术、一流的产品。

——温家宝

文化产业投入的是智力资源，产出的是知识产权。……要加大执法力度，依法保护知识产权，坚持不懈地开展"扫黄打非"，不断建立和完善文化市场执法的长效机制。

——李长春

深入贯彻落实科学发展观，坚定不移保护知识产权，坚决打击各类非法出版活动，大力弘扬社会主义核心价值体系，为实现经济社会又好又快发展营造良好的舆论氛围和文化环境。

——刘云山

到2020年，把我国建设成为知识产权创造、运用、保护和管理水平较高的国家。知识产权法治环境进一步完善，市场主体创造、运用、保护和管理知识产权的能力显著增强，知识产权意识深入人心，自主知识产权的水平和拥有量能够有效支撑创新型国家建设，知识产权制度对经济发展、文化繁荣和社会建设的促进作用充分显现。

——《国家知识产权战略纲要》

要以深入贯彻落实科学发展观为契机，全面推进版权工作六大体系建设，即：进一步完善版权法制体系，进一步加强版权行政管理体系，努力构建版权公共服务体系，加快建立社会参与体系，进一步建立健全内部工作体系，进一步强化版权国际应对体系。

——柳斌杰

目　录

| 跋　让版权事业在建设创新型国家中发挥更大的作用

　　阎晓宏／新闻出版总署副署长、国家版权局副局长

序 版权注定要创造历史

柳斌杰／新闻出版总署署长、国家版权局局长看了放在我面前的这本《中国版权事业二十年》的书稿，让我顿生敬意和感慨。在人类文明进步的历程中，总有一些先行者，舍生忘死，开拓创新，堪称英雄。版权领域也是这样，我对他们充满敬意。"版权"这个概念，对国人来说，是一个从陌生到熟悉、从排斥到接受、从漠然到亲近的过程，也是一个不断从理论到实践、从学院殿堂走向社会大众的过程，其间经历了诸多坎坷与精彩。在这本书里娓娓道来的故事和人物，可以使更多的读者了解我国在版权领域所走过的曲折而不平凡的道路，了解我国版权事业与建设创新型国家、推动中华民族伟大复兴的内在联系，了解我国版权工作的一批先行者、探索者为了推动和发展版权事业所奉献的智慧以及付出的心血与汗水。这是我看了这部书稿以后一个很深切的感受。借此，我谈几点看法：

一、中国版权之路破局艰难，进展迅速

在中国开展版权保护，面临的困难与艰辛是今天的人们所难以想象的。我们的祖先创造了世界无与伦比的灿烂的中华文明，也是世界上唯一从未中断文化血脉并传承至今的文明。造纸术、印刷术是我们这个古老国度的重大发明，对人类文明作出了重大贡献。"印刷文明"时代版权保护的萌芽也伴随我国宋代出版业的发展而萌发，那时的刻印本上就出现了"不许复板"字样。但千百年来僵化而停滞不前的皇权体制成了人们的思想桎梏，文化传承少了勇气与创新，个体创造与私权未得到应有的尊重，结果就使我们与现代版权保护制度失之交臂。我国也曾有过"大清著作权律"、民国政府《著作权法》出台，但都未能成为通行之法，在知识的创造、运用和保护方面被西方列强远远地甩在其后。新中国成立后，由于对如何建设社会主义的探索几经曲折，不断的政治运动加上长期的计划经济体制，无论版权的理念、版权的保护还是有关版权的法制建设都难以在这样一种社会环境的土壤中萌发。即使如此，仍有先知先觉者筚路蓝缕，开启山林，为新中国的版权事业探路奠基。1955年，我国著作权法的起草工作提上日程，当时成立了以新中国首任出版总署署长胡愈之为首的著作权法起草小组，筹备制定著作权法，1957年完成了《保障出版物著作权暂行规定（草案）》的起草工作，但是由于历史原因搁置下来，直至24年后的1979年，随着改革开放帷幕的拉开，我国的著作权立法工作重新启动。虽然此后著作权立法工作也遇到了一些坎坷与曲折，比如有的专家提出后进国家在版权保护上的利益争取问题，对于邻接权如何界定以及如何在公众利益与个体利益之间保持必要的平衡等问题，争议较大。但值得欣慰的是，在改革开放这样一个大背景下，过去不能触动的问题、不能做的事情，现在都可以大胆地尝试，公开地讨论，立法者在观念上、眼界上、胸襟气魄上也与以前大不相同，能够从长远的发展、以世界的眼光、公平正义的法制观念看待问题。从1979年5月开始，国家组织班子调研和起草著作权法，到1990年9月通过《著作权法》，只用了11年；从1991年6月《著作权法》开始实施，到2001年10月《著作权法修正案》通过，又用了11年，该法就畅行其道，与加入世贸组织要求相适应了。这期间国务院颁布了配套的行政法规，如1991年的《著作权法实施条例》（2002年修订）、1991年的《计算机软件保护条例》（2001年修订）、1992年的《实施国际著作权条约的规定》、2004年的《著作权集体管理条例》、2006年的《信息网络传播权保护条例》、2010年的《广播电台电视台录音制品支付报酬暂行办法》等，形成了既符合国际公约又具有中国特色的著作权法律体系。可以说自改革开放之后，我国用较短时间重建了现代版权保护制度。对此，前任世界知识产权组织总干事鲍格胥评价说，"在知识产权史上，中国完成所有这一切的速度是独一无二的"。

二、中国版权事业大有可为，前景广阔

版权保护作为鼓励和保护知识创新的基本法律制度之一，对于激发民族创新热情、提高民族创新能力、建设创新型国家都具有极为重要的意义。现代文明社会的重要标志之一是尊重私权，市场经济的核心在于遵守契约。纵观世界各国文明的演进与兴衰，无不与崇尚知识、鼓励创新、保护权利相关。没有权利的界定，就没有利益的保护；没有利益的保护，就没有创造的热情，也就没有创新的动力，我们这样一个泱泱大国就会在发展上受制于人，永远不能跻身世界前列。要激发中华民族的创新精神、提高国家的创新能力，就需要完善的知识产权法律制度作保障。我们是一个发展中国家，但我们有后发优势，在版权保护问题上，在立足中国实际的前提下可以充分借鉴先进国家的经验，在法律制定与运用上避免走弯路。事实上，我国版权保护对于促进创新已经取得了显著成果，比如在书中提到关于软件产业发展的例子，由于政府坚持推进软件正版化，加大打击软件侵权盗版力度，我国软件登记数量从2000年以前每年仅三五百件，2006年迅速增加到23000多件，2010年突破80000件；我国软件产业的产值由2001年的750亿元上升到2010年的13000多亿元，年

均增长40%以上。特别是民族软件企业借助推进软件正版化工作东风，发挥国产软件的"性价比"优势，打破了国外软件一统天下的局面，市场份额不断扩大、产品质量不断提高，形成了金山、中望、CAXA、浩辰等一大批高水平的民族软件企业。

版权保护的加强，有利于促进版权产业的迅猛发展。根据世界知识产权组织的估计，无论在发达国家还是在发展中国家，版权产业在国内生产总值中所占的份额都在不断上升。版权的内涵丰富，外延宽广，版权作为一种资源，支撑着一个庞大的产业群，而版权产业又是资源节约型和环境友好型的智力型经济产业。由世界知识产权组织界定的四种版权产业类型分别为核心版权产业、相互依存版权产业、部分版权产业、非专用支持产业。其核心内涵囊括了知识密集和技术密集的新兴服务业，并向诸多传统产业渗透。近年来，我国版权产业日益壮大，文化创意、数字出版、信息传播、广播影视、文化娱乐、信息网络、计算机软件等等产业的发展速度远远超出了传统的文化产业和制造业。家电、家纺、陶瓷等多个行业，由于对版权进行了有效利用和保护，不仅实现了企业效益的大幅度提高，还带动了区域经济的发展，像青岛的海尔集团、南通的纺织业、德化的陶瓷业等都是依靠版权提高核心竞争力。

版权保护的加强有利于开启民智，推进全民法制观念的提高，构建诚信守法、公平竞争的市场环境。我国是"4·26世界知识产权日"的倡导国之一，加强版权保护的宣传教育，有利于在全社会营造"四个尊重"的良好氛围，形成诚信守法、公平竞争的市场观念。近年来版权工作对于宣传教育、扩大社会影响做了很多工作，特别是借助一些热点问题，通过媒体的介入，如卡拉OK收费等问题，引发全民的思考与讨论，从而推动我们的国民逐渐接受版权保护、权利界定、有偿服务这些观念，使他们认识到版权保护既维护包括自己在内的广大创作者的合法权益，又有利于国家的经济发展、文化繁荣和科技进步。我们要认识到徒法不足以自行，仅靠完备的法律条文，没有全民道德素质的提高与法律意识的增强，再好的法律法规也很难发挥应有的作用，版权保护不是卫道士的空喊，更不是堂吉诃德的虚幻，而是实实在在的与利益打交道，小到我们某一个人、某一个集体的直接利益，大到国家、社会、民族的长远利益，都是推进人类文明进步的重要杠杆。

版权保护的加强有利于树立我国开放、文明、进步的形象。版权问题是国际关注的热点问题，西方国家、国际社会对中国版权问题极为关切。因我国版权法律规定与世贸组织框架下的某些规则仍有差距，在国际交往中产生过误解、发生过争端。这有损于我国的国际声望，有害于我国对外文化交流和产品贸易。我曾接待过不少外国政府、国际组织、专业协会要人和驻华大使的来访，他们表达了对中国版权问题的关切甚至不满，我也曾到不少国家介绍我国版权工作的真实情况，力争消除他们的误会和担忧。但是，问题的解决还需要我们真诚的努力。因为国家主要领导人，都多次表示了中国对于知识产权保护的决心，承诺要兑现对于国际相关条约的承诺，这次开展打击侵权盗版、假冒伪劣专项治理行动就表明了这一点。其实，中国已经到了保护自己创新能力的时候，而不仅仅是国际义务问题。如果我们依法保护著作权，形成良好的创新环境，我们各方面的创新能力都会发挥出来，就会大幅提升我国开放、文明、进步的国际形象，促进我国对外贸易和文化交流大发展。

三、我国版权工作亟待加强，任重道远

虽然我国版权保护事业取得了令世人瞩目的成果，而且通过对版权的立法与保护在实践中取得了很大的成功，版权保护从过去的一对一方式很快发展到集体代理的方式，从早期单一的图书代理，逐步拓展到音乐、电影、游戏、动漫等多个经营领域等。但是，从工作的角度看，我国版权的创造、运用、保护、管理的水平仍然与我国当前改革开放、经济与社会文化快速发展的现状不相适应，与我国不断提升的国际地位还不相称，与贯彻落实科学发展观、建立创新型国家的战略目标的要求还有较大差距。因此，我国版权的立法、执法、运用、保护与服务工作亟待加强，任重道远。

一是要进一步完善著作权法律体系，全面修订《著作权法》。我国1990年颁布的《著作权法》是新中国的第一部著作权法，起草这部法律时我国尚处于计划经济时代、不可避免地带有很多计划经济的烙印。虽然经历了两次修订，但两次修订都是在特定历史条件下对特定条款进行的局部调整，现行《著作权法》已经落后于实践的需要，所以，全面修订《著作权法》是解决《著作权法》先天不足的现实需要、是适应高新技术迅猛发展的现实需要、是知识产权法律制度协调发展的现实需要、是落实党中央国务院一系列重要战略决策和部署、回应社会关注的现实需要。

二是要加强依法行政和执法力度，维护版权市场秩序。当前，我国的版权保护环

境尚未根本改善，侵权盗版现象还普遍存在，有的地区和领域甚至还比较猖獗。侵权盗版不但损害著作权人的合法权益，而且严重破坏市场经济秩序、阻碍版权产业发展、影响民族核心竞争力、损害国家对外形象。各级版权行政部门必须义不容辞地肩负起版权监管执法责任，加大执法力度，坚决打击各种损害公共利益的侵权盗版行为，为版权的创造和运用提供良好的市场环境。

三是强化版权宣传普及工作，提高全社会版权意识。这是提高我国版权保护水平的治本之策，必须要坚持不懈地进行下去。法律是靠人遵守的，秩序是靠人维护的，如果在版权保护问题上，领导不重视、自己不作为、舆论不支持、企业不自律、公众不理解、权利人不主动，全社会形不成自觉意识，再好的法律也难以有效实施。所以，要把版权法律知识的宣传普及作为常态性的基础性工作来抓，不断改善我们的版权保护社会环境，不断提高我国的版权保护水平，在全社会形成尊重知识、尊重人才、尊重劳动、尊重创造的良好氛围。

四是提高版权应用能力，让版权潜在智力成果转化为生产力。据有关调研结果显示，我国版权产业的增加值比重已经占国内生产总值的6%以上，北京、上海等发达城市的版权产业增加值更是高达12%左右，接近甚至超过美欧国家整体发展水平，版权产业在国民经济中的地位和作用日益突出。我们要把"服务经济建设、促进产业发展"作为版权保护工作的首要任务，培育版权相关产业示范基地、完善版权运用市场体制机制、促进版权智力成果快速转化广泛运用，不断提高版权保护工作水平。

《中国版权事业二十年》这本书回顾了20年来中国版权保护的艰难历程与重大变革，再现了改革开放潮流中中国版权事业、中国版权人的执着努力。正是这些奋进的脚步推进了历史，也创造了历史。展望未来，我们有更加坚定的信念和决心：齐心协力创造中国版权事业美好的明天。

引言 中国版权事业回望

题记

2010年，是世界上第一部版权法——《安娜法》诞生300周年。

2010年，是中国第一部著作权法——《大清著作权律》诞生100周年。

2010年，是《中华人民共和国著作权法》诞生20周年。

2010年，是中国加入世界知识产权组织30周年。

2010年，对中国版权人而言，是特别的一年。除了庆祝，总结和思考、规划和展望，更应在此时进行。

版权无疑是印刷术之子。

中国是世界公认的造纸术和印刷术的发源地，然而，由于中国古代商品经济不甚发达，中国历史上没有形成产业化的印刷出版行业，也没有形成知识产权利益链和利益团体，也难以形成强大的保护知识产权的利益诉求。所以，尽管印刷术的发明地是中国，但中国的社会土壤里并没有萌生出现代版权制度。

现代版权制度产生于欧洲。印刷术的广泛应用、完备的市场机制和工业革命的强劲助推，催生了版权观念的产生和版权保护的制度化：1710年，世界上第一部版权法——《为鼓励知识创作而授予作者及购买者就其已印刷成册的图书在一定时期内之权利的法》（简称《安娜法》）在英国议会通过。至今，西方的版权保护已走过了300年的历程。

就在《安娜法》诞生200年之后，中国的第一部版权法——《大清著作权律》于1910年颁布；1915年，北洋政府颁布了《著作权法》；1928年，国民政府曾颁布《著作权法》。由于历史环境的束缚，这些法律规范虽然没有得到有效实行，但它们的出台标志着近代中国版权意识的萌生与著作权法律制度的开启。

中华人民共和国成立后，一段时间内，我国没有出台著作权法，但并非没有著作权保护与管理，因为当时的著作权保护与管理不是通过法律，而是通过政策和行政规章来进行的。如1950年第一届全国出版工作会议审议通过的《关于改进和发展出版工作的决议》、1956年文化部发出的《关于国营剧团试行付给剧作者剧本上演报酬的通知》、1958年文化部颁布的《关于文学和社会科学书籍稿酬的暂行规定》、

1962年文化部颁布的《关于故事片各类稿酬的暂行办法》等。这一时期的版权保护，由于没有确立作者对其创作作品的排他权，更没有法律意义上"版权"的概念，还算不得完全意义上的法律保护，只是认可作者的"获酬权"。即使是这种有限的保护，也随着接二连三的政治运动（特别是"反右"和"文革"），被视为资产阶级法权的残余而时断时续。

在我国，真正实施版权保护是"改革开放"大幕开启之后。

1979年1月，时任国务院副总理的邓小平率中国政府高级代表团访问美国，在《中华人民共和国国家科学技术委员会和美利坚合众国能源部在高能物理领域进行合作的执行协议》（以下简称《中美高能物理协议》）谈判中，版权问题成为谈判的重要议题之一。版权问题也因为国际科技与经贸磋商中无可回避的事实而进入我国高层领导的视野之中，1979年，在时任中共中央秘书长兼宣传部长的胡耀邦同志的指示下，我国开始着手草拟版权法。中华人民共和国建立现代版权保护制度的序幕由此拉开。经过10年的筹备和磨砺，1990年9月7日，第七届全国人大常委会第十五次会议审议通过了《中华人民共和国著作权法》，标志着我国的版权事业开启了一个新时代。

2010年，恰逢《中华人民共和国著作权法》颁布20周年。

20年间，新中国的版权保护制度从无到有、从不完善到相对完善，版权事业取得了令世人瞩目的显著成就。中国建立起了既符合国情又与国际规则相衔接的著作权法律体系，确立了具有中国特色的司法与行政并行的版权保护制度，打击各类侵权盗版取得重大成效，版权相关产业蓬勃发展，版权公共和社会服务框架基本建立，社会公众的版权意识显著增强，版权国际合作与交流不断加强，版权法律制度在建设创新型国家中的作用越来越重要。

第一章 中国著作权法律体系的建立与完善

题记

中国的著作权立法经过了一个艰难的历程，这不仅体现在是否进行版权立法的宏观层面，还表现在著作权立法细枝末节的微观层面。其所遭遇的艰辛和曲折，可以说是其他任何一种法律所无法比拟的。自1990年第一部著作权法颁布实施以来，由于经济社会发展和进一步对外开放的迫切需要，以及应对新技术的严峻挑战，中国的著作权立法不断与时俱进，著作权法日臻完善，版权法制建设正朝着常态化轨道迈进。

第一节｜版权法孕育的艰辛与诞生的阵痛

　　新中国在知识产权立法方面，用不到三十年的时间走完了西方国家上百年走过的历程，建立和完善了既符合国际公约又具有中国特色的知识产权法律体系，用世界知识产权组织前总干事鲍格胥博士的话说，"在知识产权史上，中国完成所有这一切的速度是独一无二的"。现今，我国已建立了立足中国国情符合国际规则、司法审判和行政执法相结合、政府管理与社会组织维权相结合具有中国特色的版权保护制度；版权在民众中的普及程度也日渐广泛和深入。时过境迁，我们再次回首版权事业在中国刚刚起步的那些日子。

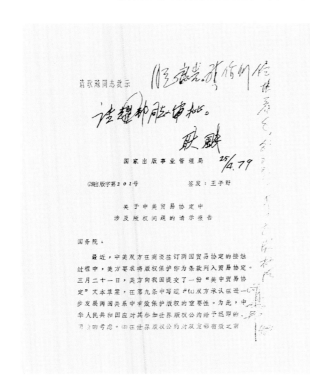

◇ 1979年胡耀邦同志在"关于中美贸易协定中涉及版权问题的请示报告"上批示："同意报告。请你们尽快着手，组织班子，草拟版权法。"（国家版权局版权管理司 供）
◇ 1988年国家版权局"关于加快版权法起草工作的报告"。（国家版权局版权管理司 供）

一、版权：第一声叩问——立法呼声的缘起

1.改革开放后第一份版权立法请示报告的批复

1978年，党的十一届三中全会确立了我国以经济建设为中心、改革开放的基本国策，国家的工作重心开始转移到经济工作中来。次年，国务院副总理邓小平率中国代表团访美，拉开了中美政府间合作的序幕，双方试图通过政府间的接触与互访，在科学、技术、文化和能源开发等方面扩大交流与合作。

1979年1月31日，中美共同签署了《中美高能物理协议》。该《协议》第6条规定："双方认识到，需要就有关版权保护以及在执行本协议的过程中或按本协议所做出或设想出的发明或发现的处理，达成协议条款以便按此进行具体活动。因此，双方应指

◇ 1990年9月7日，七届全国人大常委会第十五次会议通过了《中华人民共和国著作权法》，这也是新中国的第一部著作权法。图为时任全国人大常委会委员长的万里同志（左一）主持常委会会议。（国家版权局版权管理司 供）

定这两方面的专家，分别由他们向双方推荐条款细节，这些条款细节，如经双方同意，将作为附件加入本协议"。从这个协议可以看出，中美政府间的交流和合作一开始就涉及到了版权保护的问题。此时的中国并没有专门的版权法，但中方代表已强烈地感受到美方对于版权保护的坚决态度，感受到参与国际间版权保护对中国改革开放的重大意义。为进一步扩大开放，中方代表坦然接受了美方提出的版权保护要求。但鉴于当时对版权保护问题的陌生，中国代表提出了一个"保留意见"。也就是说，在中国尚无版权法，美方又坚决要求中国按照国际版权公约去保护美国版权的情况下，双方只能达成一项原则性协议，而具体的版权保护问题留待双方专家进行谈判后再行解决。

1979年7月7日，中美双方签署了《中华人民共和国和美利坚合众国贸易关系协定》（以下简称《中美贸易协定》），于1980年2月1日起正式生效。《中美贸易协定》第6条规定了版权保护的内容。该条共5款，其中第1款规定"缔约双方承认在其贸易关系中有效保护专利、商标和版权的重要性"；第5款规定"缔约双方同意应采取适当措施，以保证根据各自的法律和规章并适当考虑国际做法，给予对方的法人或自然人的版权保护，应与对方给予自己的此类保护相适应"。

1979年7月，《中菲文化合作协定》签署，版权保护条款同样被写进了双边协议。

◇ 1992年6月5日，"庆祝著作权法实施一周年座谈会"在北京人民大会堂举行。（国家版权局版权管理司 供）

通过一系列对外科技和经贸方面的相关谈判，中国政府高层逐步意识到，中国坚持搞改革开放，加强对外经贸、科学技术、文化方面的交流与合作，版权乃至知识产权的保护是一个十分重要而又亟待解决的问题。因此，版权立法问题引起了党和国家领导人的高度重视。

1979年4月21日，一份关于起草版权法并逐步加入国际版权公约的报告——《关于中美贸易协定中涉及版权问题的请示报告》，由国家出版局呈交给国务院，时任国务院副总理耿飚将报告转送时任中共中央秘书长兼宣传部长的胡耀邦的案头。胡耀邦当即在该报告件上批复："同意报告。请你们尽快着手，组织班子，草拟版权法"，这一天恰巧是4月26日，注定是与版权保护有着特殊纪念意义的日子，20年后的1999年由我国和阿尔及利亚在世界知识产权组织第三十四届成员国大会上共同提议，并经2000年第三十五届成员国大会上通过确定每年的4月26日为"世界知识产权日"。4月26日还是《建立世界知识产权组织公约》的纪念日，1971年的这一天，该公约开始生效。

2.与版权保护有关的首份重要文件

新中国与版权保护有关的首份重要文件是1950年公布的《关于改进和发展出版工作的决议》。该《决议》指出："出版业应尊重著作权及出版权，不得有翻版、抄袭、篡改等行为……在版权页上对于出版、再版的时间、印数、著者、译者的姓名及译本的原书名称等应作真实的记载。在再版时，应尽可能与作者联系进行必要的修订。"关于支付作者稿酬的办法与标准，该《决议》写道："稿酬办法应在兼顾著作家、读者及出版家三方面的利益的原则下与著作家协商决定。尊重著作家的权益，原则上不应采取卖绝著作权的办法。"计算稿酬标准"原则上应根据著作物的性质、质量、字数及印数"。这项《决议》在实质上承认了作者就其作品享有一定的人身（名誉）及财产权利。

3.文学艺术家首次呼唤著作权法出台

1978年，对"文革"拨乱反正之后，科学、文艺工作者对文学艺术和科学作品的创作积极性空前高涨，文化知识界也因此有了保护自己著作权的强烈愿望和要求。在第五届全国人大、第五届全国政协的几次会议以及第四次全国文联的大会上，作家和文艺家都提出了要求国家制定著作权法的议案。

与此同时，随着社会经济的发展，社会各界对制订著作权法的需求也越发迫切。随着社会和公众著作权意识的增强，国内著作权纠纷不断发生，法院受理版权案件日益增多，亟须版权法作为审理依据。行政机关仅靠行政法规处理版权纠纷，越来越不符合社会现实的发展。文学、艺术、科学作品的作者和使用者迫切呼唤版权法来保障他们的正当权益。在涉外版权关系方面，一些国际组织、国际会议和许多国家，都对我国的版权立法表示关切，有些还对我国不参加国际版权公约，擅自使用外国作品尤其是自行翻印外国书刊提出了责难。国内国外的发展形势都清楚地表明，我国的版权立法已刻不容缓。

4.第一部使用"版权"术语的部门规章

我国第一部正式使用"版权"这个术语的部门规章，是1980年12月14日财政部发布的《中华人民共和国个人所得税法实施细则》。该《细则》第4条第3款在解释《个人所得税法》第2条时规定："特许权使用费所得，是指提供、转让专利权、版权及专有技术使用权等项的所得。"从这个条文可以看出，我国已经承认版权包含在受法律保护的财产权中。

5.著作权法颁布前新中国法律中出现的"著作权"概念

改革开放之后，我国制定的许多基本法律中都有著作权的相关条款，例如1982年《宪法》第22条第1款规定："国家发展为人民服务、为社会主义服务的文学艺术事业、新闻广播电视事业、出版发行事业、图书馆博物馆文化馆和其他文化事业，开展群众性的文化活动。"第47条规定："中华人民共和国公民有进行科学研究、文学艺术创作和其他文化活动的自由。国家对于从事教育、科学、技术、文学、艺术和其他文化事业的公民的有益于人民的创造性工作，给以鼓励和帮助。"1985年《继承法》第3条第6款规定了可以继承的遗产范围包括公民的著作权、专利权中的财产权利；1986年4月12日颁布，于1987年1月1日生效的《民法通则》第94条明文规定了"公民、法人享有著作权（版权），依法有署名、发表、出版、获得报酬等权利"。在《民法通则》第118条还规定"公民、法人的著作权（版权），专利权、商标专用权、发现权、发明权和其他科技成果权受到剽窃、篡改、假冒等侵害的，有权要求停止侵害，消除影响，赔偿损失"。这是首次以法律形式肯定著作权保护并指出了对抗著作权侵权的途径。这些规定，为日后著作权法的制定提供了法律依据。

6.第一部针对著作权邻接权保护的规章

我国第一部保护著作权邻接权的规章，是1982年12月由广播电视部发布的《录音、录像制品管理暂行规定》。该《规定》第6条规定："音像制品出版单位应保障作者、表演者的合法权益。"同时它还规定："音像制品出版单位根据与作者和表演者的协议，对所录制的音像资料享有出版权利。没有原音像出版单位的授权，其他任何单位不得翻录复制，或擅自删节、改头换面另行出版。"这很明显是对作品表演者与录制者权利的保护。

二、筚路蓝缕 以启山林

——那些人，那些事，历史将不会忘记

1. 国家出版总署著作权法起草委员会

为加快推进新中国版权保护立法进程，1951年4月，中央人民政府出版总署根据政务院(即现在的国务院)文化教育委员会的指示，成立了由周建人领导的《著作权出版权暂行条例》起草委员会，其成员有周建人、华应申、周天行、傅彬然、张静庐、孙伏园、章锡琛七人。该委员会借鉴苏联1928年"著作权法"（即《1928年10月8日全俄中央执行委员会和苏俄人民委员部关于著作权的决议》），结合我国当时公私出版机构并存，侵犯作者权益在出版界比较严重的情况，起草了《保障出版物著作权暂行规定》。

2. 文化部著作权法起草小组

1954年，国家出版总署合并到文化部，更名为文化部出版局。为了延续版权保护立法工作，文化部出版局随即成立了由王仿子、倪子明、朱希、王次青、欧建新五位同志组成的起草小组，在广泛征求著作界、文艺界、出版界和政府有关部门的意见后，1957年11月，文化部出版局向国务院法制局报送了《保障出版物著作权暂行规定（草案）》。该《暂行规定》十分明确地提出："为保障出版物著作权人的著作权，特制定本规定"，而对于受保护的著作，则仅限于"一、文字著作及口头著作；二、文字翻译；三、乐谱、艺术图画、科学图画及地图"，保护期为作者终身及其死后20年。但遗憾的是，随着整风与反右运动的开展，刚刚起步的著作权立法，便在反对"知识私有"和"资产阶级法权残余"的斥责声中停止了。

3.中国出版工作者协会版权研究小组

1978年3月，英国出版商协会主席格林带着英国外交部长欧文的信，率团访华，向中方提交了双方关于保护版权的"意见书"，并邀请中国于次年派适当规格的代表团访英，考察英国出版业，讨论版权问题。陈翰伯（时任国家出版局代局长）思想敏锐、处事果断，当即决定把版权工作提上国家出版局工作日程。随后，从北京图书馆等单位调汪衡等同志，专职从事版权工作，组建了版权管理队伍，充实了版权管理力量。

汪衡来到版权研究小组后，承担的第一项重要工作就是审议1979年3月中美贸易谈判美方提出的涉及版权保护相关应对工作，形成了"缔约双方承认在其贸易关系中有效保护专利、商标和版权的重要性"，"同意采取适当措施"，"根据各自的法律和规章并适当考虑国际做法"，给予对方权利人以版权保护的重要应对意见。版权研究小组认为这一规定是原则性、意向性的，由于中国没有版权法，不用立即实施，因此建议同意此条款。

1979年5月，遵照国家出版局党组的决定，国家出版局组织班子在陈翰伯、许力以、宋木文同志的领导下，收集资料、开展调查研究、着手起草版权法。起草班子

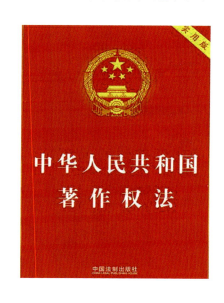

◇ 《中华人民共和国著作权法》颁布施行。

最初由人民出版社沈昌文召集，其成员有钟颖科（人民出版社）、骆静兰（商务印书馆）、丁日新（中国大百科全书出版社）、赵慧先（中国对外翻译出版公司）、沈宝群和沈仁干（国家出版局出版部）等同志。后因沈昌文忙于出版业务无暇顾及该项工作，便敦请精通英文和熟悉国际事务的汪衡负责召集。1980年5月，这个起草班子正式定名为中国出版工作者协会版权研究小组，经调整，该小组组长为汪衡，副组长为李奇，后又补任沈仁干，当时的成员还有杨德、翟一我、叶宝一、刘波林、翟丽凤、吴晓农。经过半年多的调查研究，起草班子于同年12月形成了《中华人民共和国出版法（草案）》，包括出版条款和版权条款两部分。经讨论研究，因出版法与版权法涉及的内容不同，调整的法律关系也不同，拟决定分别立法。1980年7月国家出版局草拟了《中华人民共和国版权法（草案）》。

版权研究小组除了在国内研究国际公约和主要国家的版权保护制度外，还通过我国驻外使领馆广泛收集各类版权资料，并组织出国考察了欧美日的版权立法情况，同时，积极邀请外国版权专家来华讲学，也参与了我国一些对外合作出版工作。总而言之，是为日后立法和版权行政管理部门的建立做尽可能多的准备。

4. 文化部版权处

1982年，中央批准出版局与文化部合并时，版权研究小组已扩建为文化部版权处，仍由出版局领导，具体承担版权法律法规的起草与组织指导对外合作出版的任务。同年春夏，文化部将版权法草案修改成《中华人民共和国版权保护暂行条例》，并于同年7月印发全国征求意见。在征求意见的过程中，一些缺乏国际视野和受极"左"思潮影响较深的人对版权的含义和版权立法的意义不十分清楚，不大赞成搞版权保护，个别人甚至错误地认为版权保护是为资产阶级知识分子争名夺利。参加版权法起草工作的同志旗帜鲜明地运用邓小平关于"尊重知识、尊重人才"和"知识分子是工人阶级自己的一部分"的论述开展说服工作，经过不懈努力反对版权立法的声音越来越小了。

5. 文化部邀请的版权法专家讨论组

1983年4月，文化部出版局邀请郭寿康、段瑞林、夏淑华、张佩霖、钟颖科等专家学者参加讨论《中华人民共和国版权保护暂行条例》，专家建议把该条例修改成《中华人民共和国版权保护试行条例》，于同年7月上报国务院，在国务院法制局的帮助下作了进一步修改。同年10月，国务院副秘书长顾明召集国务院有关部委进行讨论，认为该试行条例已经有了立法的基础，稍加修改即可作为《版权法草案》上报。但是，由于当时国家没有专门的版权管理机构，《版权法草案》的起草工作在一定程度上受到了影响。在版权法一时很难出台的情况下，未经授权编印图书等侵犯作者与出版者权益的行为难以依法禁止。文化部决定，先制订《图书、期刊版权保护试行条例》，该《条例》于1984年6月印发全国新闻出版单位，供内部试行。

6.国家版权局《版权法》起草小组

1985年7月25日，国务院批准文化部设立国家版权局，文化部出版局改称国家出版局，国家出版局和国家版权局为一个机构、两个牌子。边春光任国家出版局局长兼国家版权局局长。国家版权局的首要任务就是组织起草《版权法》。1986年5月，《版权法草案》正式上报国务院。但1987年下半年，部分部委担心制定版权法后会影响我国对国外科技资料的使用，增加国家经济负担，提出暂缓制订《版权法》的建议。随后国务院法制局对《版权法草案》做了大量的调查研究、论证修改工作，并专门组织有关部门对我国使用外国科技书刊问题进行了研究和经济测算。大家认识到：著作权立法不是没有必要，而是很有必要，虽然实行版权保护制度后，我国使用外国科技资料需要支付一定的经费，但其额度是可以承受的，版权立法应加快步伐。

1988年11月国家版权局向国务院呈送了《关于加快版权法起草工作的报告》，经国务院批准，成立了以国家版权局副局长刘杲为组长，中国社会科学院法学所研究员谢怀栻为顾问，中央宣传部出版局局长伍杰、国家版权局司长沈仁干为副组长的版权法起草小组，小组的其他成员有田大畏（文化部）、林玉兰（广电部）、沈友益（国家教委）、段瑞春（国家科委）、邓兴器（中国文联）、韶华（中国作协）、郑成思（中国社会科学院）、李廷杰（中国科学院）、李奇、裘安曼、许超（国家版权局）等15位同志。这个小组负责修改国家版权局起草的《版权法草案》，起草小组集体讨论时，经常邀请国务院法制办、全国人大常委会法工委、全国人大教科文卫委员会、最高人民法院、中国政法大学、中国人民大学和北京大学的有关负责同志及专家学者参加。

7.著作权法颁布实施

1988年11月18日，国务院法制局分管版权立法工作的副局长黄曙海就版权立法总体情况向国务院办公厅并国务院领导同志作了综合汇报。时任国务院副秘书长席德华于1989年1月13日批示："拟同意按这样安排，继续广泛征求意见，进一步修改，待条件成熟时提请国务院常务会议审议。请罗干同志批示。"时任国务委员兼国务院秘书长罗干于1989年1月15日批示："版权立法势在必行。同意在更大范围内再次印发草案，征求意见。"

在李铁映、宋健、罗干等国务院领导同志的关心指导下，国务院法制局孙宛中、黄曙海、贾明如、李健等同志与起草小组的同志反复讨论，进一步完善了草案，并将版权法草案修改为《中华人民共和国著作权法（草案）》。

1989年12月1日，李鹏总理在国务院常务会议上审议著作权法草案时指出："制订

《著作权法》应有利于推动科学文化事业的发展，推动社会主义物质文明与精神文明建设。国际上的经验与作法可以参考，但主要是考虑我国社会主义初级阶段的国情。"国务院法制办和版权法起草小组的同志们根据会议上领导同志的意见对草案再次进行了修改，修改后的法律草案文本，于1989年12月14日提请第七届全国人大常委会审议。

1989年12月24日，第七届全国人大常委会第十一次会议开始审议著作权法草案，时任国家版权局局长宋木文受国务院委托，对草案作了说明。在审议法律草案时委员们争议较大。此后草案又继续在1990年举行的全国人大常委会第十二、十四、十五次会议上进行了审议。其间，在王汉斌副委员长的主持下，全国人大法律委员会副主任宋汝棼，全国人大常委会法律工作委员会的顾昂然、胡康生、肖峋、何山、王胜明等同志与国务院法制局、国家版权局的同志反复磋商，多次修改，著作权法草案终于在1990年9月7日全国人大常委会第十五次会议上以102票赞成、3票反对、4票弃权、3票未按表决器的表决结果通过。同日，杨尚昆主席发布31号《中华人民共和国主席令》，公布《著作权法》，并宣布该法于1991年6月1日起施行。自1979年起，历时11载，先后修改了二十多稿，新中国的第一部《中华人民共和国著作权法》终于在1990年问世，开启了我国著作权依法保护的新纪元。

8.著作权法律体系逐步建立完善

为保证著作权法的有效实施，1991年5月30日，国务院颁布了《中华人民共和

◇ 1992年10月，中国政府在加入《保护文学和艺术作品伯尔尼公约》后举行新闻发布会，主席台左二为国家版权局副局长刘杲。
（国家版权局版权管理司 供）

国著作权法实施条例》，同年6月4日，国务院颁布了《计算机软件保护条例》，1992年9月，国务院颁布了《实施国际著作权条约的规定》，初步形成了我国的版权法律制度体系。

1994年7月，第八届全国人大常委会第八次会议审议通过《关于惩治侵犯著作权的犯罪的决定》，标志着我国版权刑法保护制度的建立。1997年3月，第八届全国人大第五次会议审议通过重新修改的《中华人民共和国刑法》，正式将侵犯著作权罪纳入刑法，我国的版权刑事责任追究制度进一步完善。

为适应我国社会主义市场经济体制的建立，经济全球化进程加快，科学技术迅猛发展以及加入世界贸易组织等新形势、新情况，2001年10月，第九届全国人大常委会第二十四次会议审议通过了著作权法修正案。修订后的著作权法及其相关法规规章，从形式到内容都更加完备，基本解决了我国著作权保护面临的迫切问题，其立法精神、权利内容、保护标准、法律救助手段等更加符合市场经济和国际规则的要求，达到了适应我国社会主义市场经济体制发展，协调在高新科技条件下著作权人、作品传播者、广大公众之间利益关系，保持与国际公约特别是世界贸易组织知识产权有关规则相一致的目的。据此，国务院于2001年12月修订颁布了《计算机软件保护条例》，2002年8月修订颁布了《著作权法实施条例》，2004年12月制定颁布了《著作权集体管理条例》，2006年5月制定颁布了《信息网络传播权保护条例》，2009年11月颁布了《广播电台电视台播放录音制品支付报酬暂行办法》，我国的版权法律制度体系进一步完善。

同时，我国在国内立法基本完备的基础上，积极加入国际版权相关条约，履行国际义务。1992年，我国加入《世界版权公约》和《保护文学和艺术作品伯尔尼公约》；1993年，我国加入《保护表演者、录音制品制作者和广播组织的国际公约》；2001年，我国加入《世界贸易组织与贸易有关的知识产权协议》；2006年，我国加入了《世界知识产权组织版权条约》及《世界知识产权组织表演和录音制品条约》。

此外，为了保证《著作权法》的有效实施，国家版权局制定了《著作权行政处罚实施办法》、《互联网著作权行政保护办法》、《著作权质押合同登记办法》等一批部门规章和政策性文件，北京、上海、山东、河南、安徽、湖北、江西、广西等地结合各地实际，分别制定了有关版权保护的地方法规、政府规章。至此，我国形成了由"一法六条例"及六个国际公约为核心，以部门规章和地方法规、政府规章为补充的较为完备的著作权法律体系，为版权全面保护提供了基本制度保障。

第二节│新法在激烈论辩、严格甄选后横空出世

著作权立法涉及众多利益主体，立法难度非比寻常。版权立法进程的亲历者、现任中国版权协会理事长的沈仁干曾这样感叹："在我的记忆中，著作权法的每一条规定几乎都是经过争论才确定下来的。"时任全国人大法律委员会主任王汉斌在审议著作权法草案时也曾感慨道："在全国人大常委会审议的所有法律草案中，著作权法是最复杂的一个法，调整的关系最广，审议时间最长。"

除了对有关版权保护的主体、客体、权利内容、权利限制、法律责任等基本规定外，计算机软件和民间文学是否作为著作权法保护的客体，争论也十分激烈，经过反复讨论，计算机软件进入了著作权法保护的作品之列，考虑到计算机软件的特殊性，《著作权法》第53条规定："计算机软件的保护办法由国务院另行规定。"如同计算机软件一样，著作权法关于民间文学的保护，基本上采取了保护计算机软件的办法，该法第6条规定："民间文学艺术作品的著作权保护办法由国务院另行规定。"

著作权法的立法之难贯穿于立法的整个进程，首先在是否需要制定著作权法方面，社会各界以及不同利益主体就出现了激烈的争辩。

◇ 2005年4月，国家版权局与信息产业部在北京举行新闻发布会，联合公布《互联网著作权行政保护办法》，从行政执法角度加强对网络环境下的版权保护。图为发布会现场。（国家版权局版权管理司 供）

一、遭遇挫折、一度搁浅
——"立法"和"不立法"之争

在著作权立法进程中，国内科技、教育界的一些同志存有疑虑。1987年，科技、教育界人士联合上书，提出了异议。国家科委、国家教委、中国科学院、中国科协4个部门联合上书要求推迟颁布版权法，如果版权法一定要颁布，也提议暂时不要加入国际版权公约，暂不涉及科技作品的版权问题。他们认为，我国颁布版权法会妨碍现行使用外国的图书、期刊的模式，给我国科学研究和高等学校教学带来相当大的困难。有了版权法，影印、使用外国书刊的重印权，必须先购买版权，不仅手续繁复，而且将会给国家带来巨额的外汇支出。有人估算每年用于购买原版书刊的版权费用将增至6亿美元。随后，一批著名的中国科学家，听了各个渠道传来的不甚准确的巨额购买版权所需的外汇数，十分惊骇，出于一片拳拳爱国之心，联名上书要求推迟制定和颁布版权法。在各界的质疑声面前，制订著作权法利弊如何，一时众说纷纭，以致起草和审议著作权法工作暂时停顿了下来。

为了澄清事实解除部分同志认为著作权立法会影响引进外国作品、妨碍教育和科学发展的顾虑，1988年上半年国务院法制局请有关部委的同志一起进行了论证，得出的结论是我们每年为使用外国作品支付的版税，数额并不像某些人讲的那么巨大，国家财力完全可以承受。根据许多发展中国家的经验，可以通过对外版权贸易取得重印外国书刊的授权，还可以通过版权法当中的"合理使用"、"法定许可"、"强制许可"等条款解决重印外国书刊的问题。

经过充分的论证和交流，各方对版权立法的认识逐步统一：颁布版权法，利国利民。它既保护本国作者和出版者的权益，又保护外国作者和出版者的权益，使用作品要取得许可，不能随意影印。因为，版权作为知识产权的重要组成部分，如同物质财产一样，只有得到全人类的充分尊重与有偿使用，才能切实保护人类社会的精神成果和思想原创力。一个民族，一个国家，要自立于世界民族之林，最重要的是原创力。尽管目前我们在知识创新方面还处在弱势地位，但从长远看，中华民族要实现民族复兴，成为创意大国、版权大国，必须尊重、鼓励和保护创造，必须建立完善的知识产权法律制度。

二、名正则言顺
——"版权"和"著作权"的名称之选

"版权"和"著作权"之称谓，代表了英美法系和大陆法系的不同理念。在著作权法的起草过程中，有人主张用"版权"，而有人则主张用"著作权"。主张用版权的同志认为版权是印刷技术之子，我国是印刷术的发源地，宋朝时期的图书上就有"已申上司，不许复板"之类的牌记，类似欧洲国家出版物上的版权声明，可以说始于我国。版权即使理解为出版权，也是作者对其作品享有的权利，何况版权包含的内容早已延伸到表演、广播、录制等权利；版权是国际通用语，如《世界版权公约》就采用版权一词。而主张用著作权的同志则认为用著作权一词可以把作者与著作联系起来；版权容易使部分人理解为出版者的权利。

在该法的起草过程中，从1979年至1988年一直都使用"版权"用语，1988年以后改用"著作权"。著作权法对此争议作出的结论体现在第51条："本法所称的著作权与版权系同义语。"这一规定和《民法通则》第94条中"著作权（版权）"的提法保持了一致，解决了一个长期争论不休的问题。在实践中不论是版权还是著作权，都是指作者因创作作品而依法对作品享有的各种专有权利。2001年修正的《著作权法》再次强调："本法所称的著作权即版权。"

在著作权保护全球化的今天，各国立法都朝着趋同化方向发展，无论以"版权"体系著称的英美法系国家还是以"作者权"体系为代表的大陆法系国家，在制度建设等方面都出现了某种程度的融合。尽管各国在名称的使用上存在差异，但并不能说"版权"和"著作权"的概念在实际应用中存在重大分歧。由此来看，我国《民法通则》和《著作权法》将二者同等对待，不失为明智之举。

第三节|《著作权法》的首次开放性修订

一、任凭风浪阔，坐看云起时
——填补法律空白，完善信息网络传播权法律制度

自1997年以来，我国互联网事业飞速发展。至2005年6月底，全国已有上网计算机4560万台，网络用户超过1亿人，互联网已成为获取信息的重要途径。随着网络技术的不断发展和广泛运用，通过信息网络传播权利人作品、表演、录音录像制品的情况越来越普遍。互联网在给人们提供大量的信息资源共享和方便的同时，也对传统著作权保护带来了挑战。如何调整权利人、网络服务提供者和作品使用者之间的关系，已成为互联网发展必须认真加以解决的问题。

世界知识产权组织于1996年12月通过了《世界知识产权组织版权条约》和《世界知识产权组织表演和录音制品条约》，赋予权利人享有以有线或者无线方式向公众提供作品，使公众可以在其个人选定的时间和地点获得该作品的权利。为适应数字网络技术的发展，世界各国家各地区都纷纷修订著作权法。 1997年12月，欧盟执委会针对信息社会的著作权问题，同时也是为了适应世界知识产权组织"互联网条约"的新规则，提出了《调和信息社会中特定著作权及邻接权指令》草案。在此指令下，德国、英国等国的立法机关立即采取措施：德国联邦上议院批准了《联邦信息与电信服务架构性条件建构规制法》，英国于1997年公布了《版权与资料库法》。1998年10月美国颁布了《数字千年版权法案》，对涉及网络相关的著作权问题作了详细规定，这被认为是国家立法中有关"信息网络传播权"最早的规定。

1999年，王蒙等6位作家向北京市海淀区人民法院起诉，状告北京世纪互联公司网站未经本人同意，擅自将他们已经出版的小说搬到互联网上，侵害了其著作权。然而，著作权法中却找不到直接的法律依据。这一国内首例作家起诉网络公司侵犯知识产权纠纷案折射出著作权法的不足和社会对作品网络传播相关权益的诉求。如不对网络著作权问题加以规范，不仅将使我国的互联网产业发展长期处于无序状态，而且将使传统出版业、音像录制业、影视业和软件业面临灭顶之灾。适应技术的发展、满足利益主体的合理诉求，修订著作权法增设作品网络传播权、规范网络技术发展带来的著作权问题变得十分迫切。

针对国内外网络环境下著作权保护面临的新情况，我国2001年修订著作权法时因应新形势，顺应历史潮流，增设了作者、表演者、音像制作者的"信息网络传播权"。后修订的《著作权法》第10条(十二)规定，著作权人有"信息网络传播权，即以有线或者无线方式向公众提供作品，使公众可以在其个人选定的时间和地点获得作品的权利。"第37条(六)规定：表演者享有"许可他人通过信息网络向公众传播其表演，并获得报酬。"第41条规定："录音录像制作者对其制作的录音录像制品，享有许可他人复制、发行、出租、通过信息网络向公众传播并获得报酬的权利。"可以看出，从修改后的著作权法对作者、表演者、录音录像制作者在网络环境下行使著作权给予了基本保障。

国际社会非常关注我国的互联网版权立法和保护问题。2005年第16届中美商贸联委会上，中国政府郑重承诺加快《信息网络传播权保护条例》立法进程，并于2005年年底前完成《信息网络传播权保护条例》的起草工作，并上报国务院，国务院将于2006年5月底前审议通过该条例。

在《信息网络传播权保护条例》颁布之前，最高人民法院和国务院相关部门也颁行了一系列的配套规范。2002年最高人民法院审判委员会公布了《最高人民法院关于审理著作权民事纠纷案件适用法律若干问题的解释》，对网络版权纠纷的法律适用问题做了补充性规定。2003年最高人民法院审判委员会第1302次会议通过了《关于修改〈最高人民法院审理涉及计算机著作权纠纷案件适用法律若干问题的解释〉的决定》，对网络版权纠纷案件的管辖、网络版权作品的许可使用、网络服务提供者和网络内容提供者的侵权责任等作了更加明确的规定。2005年4月，国家版权局和信息产业部颁布了《互联网著作权行政保护办法》，重点规范了网络服务运营商的版权行政责任和免责条件。这是我国第一部真正意义上的互联网版权保护的部门规章，为网络版权行政执法奠定了法律基础。

2004年11月，根据国务院职责分工和国务院有关领导指示，国家版权局启动了《信息网络传播权保护条例》起草工作。时任国家版权局局长石宗源、国家版权局原副局长沈仁干担任起草工作领导小组顾问，国家版权局副局长阎晓宏担任组长，组成人员来自全国人大法工委、国务院法制办、最高人民法院、信息产业部、中国社会科学院等部门。

经统一部署和周密安排，条例起草工作领导小组就草案专门征求了最高人民法院、公安部、信息产业部、教育部、文化部、广电总局等15个相关部委的意见，并广泛听取出版界、网络业界、软件业界、图书馆界以及权利人代表等的意见和建议。国家版权局还举办了多次网络著作权保护研讨会，邀请世界知识产权组织、国际知识产权联盟、国际唱片业协会、商业软件联盟等国际和地区组织的专家介绍经验和交流讨论。在这些意见和建议的基础上，对《条例》草案进行不断调整和反复修改。2005年9月，国家版权局将《信息网络传播权保护条例》(送审稿)上报国务院。

《信息网络传播权保护条例》制定的总体思路把握了以下几点：一是与互联网条约的规定相一致，不能低于其最低要求。二是有利于创新，发挥网络传播作品的潜能；有利于满足人民群众使用作品的要求，保持权利人、网络服务提供者、作品使用者的利益平衡。三是鉴于网络环境下的著作权保护问题是新问题，各国还有不同认识，对有些认识不透的问题，或不作规定，或作简略规定。

为了社会公益事业，满足人民群众对获取知识的需求，《条例》以著作权法的有关规定为基础，在不低于相关国际公约最低要求的前提下，对信息网络传播权作了合理限制。一是将著作权法规定的合理使用情形合理延伸到网络环境，规定为课堂教学、国家机关执行公务等目的在内通过信息网络提供权利人作品，可以不经权利人许可、不向其支付报酬。此外，考虑到我国图书馆、档案馆等机构已购置了一批数字作品，对一些损毁、丢失或者存储格式已过时的作品进行了合法数字化，为了借助信息网络发挥这些数字作品的作用，图书馆、档案馆等机构可以通过信息网络向馆舍内服务对象提供这些作品。二是《条例》结合我国实际，规定了两种法定许可：其一，通过信息网络实施九年制义务教育或者国家教育规划，可以使用权利人作品的片段或者短小的文字作品、音乐作品或者单幅的美术作品、摄影作品制作课件，由法定教育机构通过信息网络向注册学生提供，但应当支付报酬。其二，为扶助贫困，通过信息网络向农村地区的公众免费提供中国公民、法人或者其他组织已经发表的与扶助贫困有关的作品和适应基本文化需求的作品，网络服务提供者可以通过公告的方式征询权利人的意见，并支付报酬，但不得直接或者间接获取经济利益。

《条例》制定中，有人提出，《条例》应当对临时复制作出规定。条例起草工作领导小组反复研究后认为，禁止临时复制的症结是制止终端用户在线使用作品，而禁止终端用户非营业性使用作品不具有可行性；国际上对禁止临时复制有很大争议，在互联网条约制定过程中，包括我国在内的发展中国家明确反对禁止临时复制，由于各方争执不下，互联网条约没有规定禁止临时复制；而且，作为授权立法，《条例》也不宜对著作权法未授权的临时复制作出规定。最终，《条例》对临时复制未作规定。

2006年5月18日，国务院总理温家宝签署第468号国务院令，公布《信息网络传播权保护条例》，自2006年7月1日起施行。《条例》的颁布实施进一步完善了网络环境下的版权保护法律体系，增强了网络环境下版权保护的操作性。2007年6月9日，两个国际互联网条约在中国生效。

至此，我国在网络环境下的版权立法基本成型，初步解决了作者的"公共传播权"、权利人的技术保护措施和权利管理信息、对相关权利的限制、网络服务商免责条件，以及法律责任等主要法律关系，为互联网版权事业的健康发展提供了制度保障。

二、跨越最艰难的沟壑
——"第四十三条"修改与"免费午餐"的取消

颇具争议的原著作权法"第四十三条"（关于电台电视台播放录音制品付费规定）的存废问题，始终贯穿我国立法和修法整个过程，成为最令人关注的热点话题之一。

1989年国家版权局送审的著作权法草案，规定"广播电台、电视台播放已经发表的录音制品，可以不经许可，但要支付报酬"。这一规定，既维护了著作权人的合法权益，也考虑到了广播电台、电视传播作品的特殊性，得到社会各界和著作权人的理解和支持，但是，部分广播电视组织以其是党的舆论宣传阵地的非营利性机构为由希望无偿使用音乐作品。最终广播电视组织的意见占了上风，1990年出台的《著作权法》第四十三条规定，广播电视组织可不经著作权人许可无偿使用已经出版的录音制品。对此，音乐界人士不断上书全国人大常委会要求废止原著作权法第四十三条，维护词曲作者的权利，涉及该问题矛盾的尖锐对立程度可见一斑。

在全国人大法律委员会讨论提交全国人大常委会表决文稿时，作为国务院版权主管部门的负责人，宋木文和沈仁干列席会议，一再坚持国务院送审方案。宋木文在会上指出："我们不能把作为党的喉舌同保护知识产权对立起来。报纸、期刊等新闻媒体如人民日报、新华社都是党的喉舌，但是都向作者付酬。坚持第四十三条的人想没想过，既然作为党的喉舌，为什么使用广播设备、交通工具、房屋建筑、水电等都要付费，而唯独使用著作是免费的。著作与机器设备、汽车等一样，同是财产，都应该受到法律保护。在人类进入知识经济的时代，使用知识成果要像使用物质成果一样付酬，甚至更要重视对智力成果的保护。"

但因各方始终无法达成一致，为了顾全大局，加速著作权法的制定，宋木文遵从了主持会议的时任全国人大法律委员会副主任宋汝棼的"勿因小而失大，勿求全而拖延"的建议，不再反对将不经许可亦不付费的第四十三条写入法中。第四十三条的规定更多地照顾了电台、电视台的利益，主要表现在以下三点：第一，承认作者对已发表的作品享有广播权；第二，这种广播权是有限的，只在制作节目时支付报酬，播放或重播时不再支付报酬；第三，非营业性播放已出版的录音制品不付酬。但因国务院颁发的《实施国际著作权条约的规定》又对广播电视组织使用国外权利人作品作了与著作权法第四十三条相反的规定，形成了外国人在中国享有超国民待遇的局面，社会各界对著作权法第四十三的质疑声音一直不断。

著作权制度是市场经济的产物，我国著作权立法初期，正值国家从计划经济向市场经济的转型期，广播电视台"免费使用作品"的规定，明显带有计划经济的"烙印"。随着市场经济的发展，这种与文明社会公民权利平等、市场公平竞争的原则相悖，不利于鼓励优秀作品的创作，不利于社会主义市场经济体制的建立，不利于平衡不同市场主体的利益关系，形成了著作权人与广播电视组织的对立，修改法律势在必行。

1998年12月23日，在第九届全国人民代表大会常务委员会第六次会议上，新闻出版署署长、国家版权局局长于友先受国务院的委托，就《中华人民共和国著作权法修正案（草案）》作了说明。他在说明中说："著作权法自1991年6月1日实施以来，对保护著作权，激发创作积极性，促进经济、科技发展和文化、艺术繁荣，起了积

◇ 2004年11月18日，国家版权局在人民大会堂重庆厅举行"著作权法修订三周年暨中国入世三周年座谈会"，邀请各界人士共同就我国著作权保护工作进行座谈。（国家版权局版权管理司 供）

极作用。同时，经济、科技和文化的发展，改革不断深化，也给著作权保护制度提出了一些新问题。因此，对著作权法进行适当修改，是必要的。"

全国人大教科文卫委员会1999年4月13日向全国人大常委会送交报告，提出修改第四十三条。教科文卫委员会认为："其一，著作权是公民的一项基本民事权，属于专有权，如果在社会主义市场经济的条件下仍坚持该条规定的'合理使用'，就会影响著作权人的创作积极性；其二，根据国务院颁布的《实施国际著作权条约的规定》，外国人的作品已不再适用现行著作权法第四十三条的规定，而对中国人的作品依然要加以限制，这种双重保护制度将有损于我国著作权人的民族自尊心，也给我国的国际形象带来消极影响；其三，根据《保护文学和艺术作品伯尔尼公约》和《与贸易有关的知识产权协议》等有关著作权限制与例外的规定，现行著作权法第四十三条已超出了国际公约的规定，对我国履行已加入国际版权条约的义务、加入世界贸易组织也会产生负面影响；其四，在社会主义市场经济条件下，广播电台、电视台已不再是纯粹的'非营利性'单位，部门利益要服从国家利益，以利于在全社会形成保护知识产权的良好环境。因此，不改变现行著作权法第四十三条的规定是不适当的。"

2001年10月27日，著作权法第四十三条终获修改。考虑到这一条规定的确涉及诸多复杂问题，需要在进一步研究、论证的基础上，由国务院制定一个具体办法，否则难以操作，因此著作权法将该条修改为："广播电台、电视台播放已经出版的录音制品，可以不经著作权人许可，但应当支付报酬。当事人另有约定的除外。具体办法由国务院规定。"

2009年5月6日上午，国务院常务会议审议《广播电台电视台播放录音制品支付报酬办法》(草案)，要求进一步修改完善后尽快颁布实施。在广泛征求权利人及各有关方面意见修改完善后，2009年11月10日，国务院总理温家宝签署国务院令，公布了《广播电台电视台播放录音制品支付报酬暂行办法》。该《暂行办法》根据国际通行做法规定了三种计酬方式，供当事人选择，作为约定或者协商支付报酬的基础：一是由广播电台、电视台与相关著作权集体管理组织约定每年向著作权人支付固定数额的报酬；二是按广播电台、电视台广告收入的一定比例计酬；三是按广播电台、电视台播放录音制品的时间多少计酬。具体的付酬标准在反复测算的基础上，《暂行办法》规定了两种：一是按广告收入的一定比例计酬，二是按播放时间计酬，广播电台的单位时间付酬标准为每分钟0.30元；电视台的单位时间付酬标准自办法施行之日起5年内为每分钟1.50元，自本办法施行届满5年之日起为每分钟2元。

第四十三条的修订和《暂行办法》的颁布，在著作权保护的历史上无疑产生了深远的影响。但是我们也要清醒地认识到，法律条款的落实，不是一朝一夕的，困难和挫折仍然是无法回避的现实问题，著作权保护任重道远。

　　2001年重新修订的著作权法的修改涉及众多条款,是比较全面的,被法律专家称为"中国知识产权保护史上的里程碑"。它并不仅仅是为了应对入世,也是我国发展社会主义市场经济的需要。我们也应该清醒地看到,每一次法律的修改都不是完美无缺的,无法涵盖所有方面,正如中国版权协会理事长沈仁干所言:"新著作权法的实施对激励中华民族的创新意识、发展我国的科学文化教育事业、建立与发展社会主义市场经济体制已经起到了积极的推动作用。然而,我们又不能不看到2001年的修改,考虑加入世贸组织的紧迫性较多,著作权法实施过程中遇到的许多实际问题仍未得到很好的解决。因此,根据国内、国际新形势发展和《国家知识产权战略纲要》的要求,有必要对著作权法作进一步修订。"

第四节 | 期待版权修法步入常态化轨道

一、与时俱进，日臻完善
——二次修法既是微调，也是重大修改

2010年2月24日，第十一届全国人大常委会第十三次会议召开，上午听取国务院关于提请审议著作权法修正案（草案）的议案说明，国家版权局局长柳斌杰受国务院委托列席会议并作说明。柳斌杰在说明中指出："本次修订的主要原则有三个：一是，履行国际义务，使《著作权法》相关规定符合我国已经加入的国际条约的要求；二是，对于《著作权法》中迫切需要修改的、各方意见比较一致的、不会引起较大争议的问题进行修改；三是，对于需要进一步研究的、国际社会尚无成熟经验的、国内相关各方意见分歧的问题，暂不修改。"

○ 2004年4月，国家版权局举办首次"全国著作权知识电视大赛"系列论坛。图为全国著作权知识电视大赛总决赛获奖代表与领导嘉宾合影。（国家版权局版权管理司 供）

2月26日，第十一届全国人大常委会第十三次会议表决通过了著作权法修正案。从修改内容来看，这是一次非常小的修改，只有两处修改。第一，删除了《著作权法》第4条第1款（即"依法禁止出版、传播的作品，不受本法保护"的规定），将第4条修改为："著作权人行使著作权，不得违反宪法和法律，不得损害公共利益。国家对作品的出版、传播依法进行监督管理。"第二，增加了著作权质押的规定，作为第26条："以著作权出质的，由出质人和质权人向国务院著作权行政管理部门办理出质登记。"

二、风扫云开
——关于违禁作品版权保护的"第四条"

我国1990年《著作权法》第四条规定："依法禁止出版、传播的作品，不受本法保护。著作权人行使著作权，不得违反宪法和法律，不得损害公共利益。"

这一条之所以如此表述，源于立法时的特定背景。1990年制定《著作权法》时，我国尚无关于对作品出版、传播进行监督管理的具体法律规定，为防止内容有害的作品在我国出版、传播，全国人大常委会审议时，《著作权法》增加了依法禁止出版传播的作品不受《著作权法》保护的规定。

对这一规定，理论界一直存在争议。一种观点认为：根据国际著作权公约，以及从保护权利、鼓励创作的角度讲，凡是作者独立创作的作品，就应当享有著作权，受到法律保护，即便是禁止出版、传播的作品，同样要承认其著作权，不能放纵"盗版"等侵权行为。另一种观点认为：权利是法律赋予的，出版、传播反动、色情、暴力的作品的行为是国家法律禁止的，因此，对法律禁止出版、传播的作品不给予著作权法律保护在逻辑上是成立的。

同时，我国《著作权法》的这一规定也引起了国际社会的关注，特别是美国政府为推行其价值观，突破我国文化产品市场准入的政策限制，以我国《著作权法》第四条规定为借口，挑起了一场中美著作权制度的论战。2007年4月10日，美国以我国相关法律不符合WTO《与贸易有关的知识产权协议》为由，向WTO提起诉讼，其中就涉及"依法禁止出版传播作品"的著作权保护问题。面对美方的责难，我国开展了有理、有节的抗辩，维护了国家对引进作品内容审查的核心利益，同时也承诺对我国著作权法与国际著作权公约不一致的规定进行调整，修改有关规定。2009年3月20日，WTO争端解决机构会议（DSB）审议并通过了专家组报告。专家组报告驳回了美方的绝大部分主张，但裁定我国《著作权法》第四条第一款与《TRIPs协议》存在不符之处。

为适应我国经济社会发展的新阶段和新形势的需要，促进经济、科技和文化的发展和繁荣，同时也为了履行相关国际义务，维护我国负责守信的大国形象，对《著

作权法》第四条进行适当修改，是必要的。《著作权法》通过后，1994年至1997年，国务院先后公布实施了《音像制品管理条例》、《电影管理条例》、《出版管理条例》和《广播电视管理条例》。2001年，国务院分别对《音像制品管理条例》、《电影管理条例》和《出版管理条例》进行了修改。上述行政法规对禁止出版、传播的音像制品、电影、出版物和广播电视作出了明确的规定，如禁止含有危害国家统一、主权和领土完整的内容，禁止含有煽动民族仇恨、民族歧视，破坏民族团结，或者侵害民族风俗、习惯的内容，禁止含有宣扬淫秽、赌博、暴力或者教唆犯罪的内容等十项。

因此，在我国法律已经对禁止出版、传播的作品有了明确规定的背景下，删去《著作权法》第四条第一款的规定不影响我国内容管理制度，也不影响我国对作品出版、传播继续进行有效的监督管理。2010年2月，本次《著作权法》的修改删除了"依法禁止出版、传播的作品，不受本法保护"的规定，以适应目前社会发展及国际大环境的需要。

在本次著作权法修订中，同时增加了"国家对作品的出版、传播依法进行监督管理"这一规定，主要是考虑到删除"依法禁止出版、传播的作品，不受本法保护"这一规定可能造成的出版领域违法现象增加的情况，亦即删除该规定，并不意味着

◇ 2007年3月6日，国务院新闻办公室副主任李冰、新闻出版总署副署长柳斌杰（中）和谷歌全球副总裁李开复共同启动"中国图书对外推广计划"网站的按钮，"中国图书对外推广计划网"正式开通。（国家版权局版权管理司 供）

我国对作品出版、传播领域不做任何监管。这次修改消除了我国学术理论界长期以来对《著作权法》第四条的争论，使学术理论与执法实践相统一，有利于版权保护工作。

三、风物长宜放眼量
——一份包容未来的胸襟

2010年11月5日，温家宝总理在全国知识产权保护与执法工作电视电话会议上要求，"要积极推动相关立法工作，及时修改《商标法》、《著作权法》等知识产权专门法律及其实施条例，建立健全互联网知识产权制度和法律"。

《著作权法》的前两次修订，是在特定情况下对特定条款进行的局部性调整，第一次修订是为了满足加入世界贸易组织的需要，主要对我国《著作权法》与世界贸易组织《与贸易有关的知识产权协议》不一致的地方进行了修改或补充；第二次修订只涉及2个条文，并非全面系统的修订。当前，随着经济全球化进程不断加快，以信息技术为代表的高新技术日新月异，知识产权日益成为国家发展的战略性资源和国际竞争力的核心要素。面对新形势和新情况，迫切需要对我国《著作权法》进行全面系统的修订。

近年来，社会各界对全面修订《著作权法》十分关注，呼声很高，每年"两会"很多代表和委员都提出关于修改《著作权法》的建议和提案，产业界特别是互联网产业界不断提出修法要求和具体建议，专家学者热情很大，全面修订《著作权法》已经形成广泛的社会基础和良好的舆论环境。大家普遍认为，全面修订《著作权法》是适应高新技术迅猛发展的现实需要，是知识产权法律制度协调发展的现实需要，是落实党中央国务院一系列重要战略决策部署、回应社会关注的现实需要。

在全球化时代到来之际，我们的著作权法律体系建设需要具有国际性，同时，在借鉴和移植国际规则和外域法律制度时，更要充分考虑我国的国情，既要防止法律建设的封闭性，又要避免法律建设的依附性，开辟一条具有中国特色兼具自主性和开放性的著作权法治现代化道路。

正如全国人大常委会副委员长许嘉璐先生所言："在经济全球化的新形势下，知识产权日益成为最大的产权，知识产权的竞争成为迄今为止最高级别的竞争，国家知识产权创造水平和保护水平成为衡量其综合国力和持续发展力的集中体现。世界经济的发展历程由最初的以物易物发展到以货币为中介，再到金融交易，进而发展到知识产权的交易，知识产权在推动经济和社会发展中的地位与作用得到历史性提升。因此，保护知识产权的实质就是要通过依法保护知识产权，促进我们的自主知识产权不断发展，武装自己，走向世界。保护知识产权就是保护民族创新力，就是保护社会的生产力，就是保护知识产权所有者的人权，也是保护国家主权。在市场经济条件下，如果创新得不到有效保护，知识产权被肆意盗用，那么我们的软件业、出版业、影视业和文化艺术就得不到真正的发展。只有切实加强著作权保护，中华民族的创新力才能迸发出来，创新成果才能真正转化为生产力。今天我们强调保护知识产权，不仅要保护本国的知识产权，还要保护外国的知识产权，这是由经济全球化的新形势所决定的。我们要参与国际竞争，就必须按照国际惯例和规则来实施知识产权保护。从长远看，通过保护知识产权，激发民族创新能力，才能最终使我们的知识产权走向世界。"

第二章 构建具有中国特色
的版权行政执法制度

题记

　　行政管理是中国著作权保护制度的特点，也是优势。版权行政管理部门是承担行政管理的基本载体。自1985年国务院批准成立国家版权局以来，目前已经初步形成了国家局、省（自治区、直辖市）版权局以及市（地、州）版权局三级管理体系，部分省还将版权行政管理机构延伸至县（市、区）一级，版权行政执法体制逐步健全，版权行政管理队伍不断扩大，版权执法机构逐渐向基层延伸。中国的版权行政管理与行政执法体系，在版权保护制度中发挥了十分重要的作用。著作权法颁布20年来的实践证明：司法保护是中国版权保护最基本、最强有力的法律救济手段，发挥着基础性和主导性作用。著作权行政执法作为司法保护的重要补充，具有及时、快捷和程序相对简化等特征，在版权保护工作中也发挥着不可替代的作用，它符合中国社会的发展现状和版权保护的实际需要。

第一节｜我国版权行政管理机构的建立和完善

2009年4月21日，国家新闻出版总署副署长、国家版权局副局长阎晓宏做客人民网，与网友在线交流，畅谈"中国版权保护与发展"的话题。他指出：在中国，鉴于我们尚处于经济、社会的重要转型期，又是发展中国家，市场经济还不很完善、侵权盗版还比较严重的现状，在市场规则还没有完全确立起来之前，政府在保护知识产权方面负有相当重要的责任和任务。法律赋予行政部门的执法权力，它的最大优势就是能及时、快捷、高效地制止一些损害公共利益和扰乱社会秩序的侵权盗版行为，有效保护了权利人的合法权益，维护了市场秩序。著作权行政执法是中国的一大特色。阎晓宏的这段话准确地概括了中国著作权行政执法工作的地位和作用。可以说，在当前一个时期内，中国的著作权行政执法工作只能加强不能削弱，这既是由我国著作权保护的现状和发展阶段决定的，也是我国著作权制度设计的正确判断，是改善我国著作权保护市场环境的客观需要。

◇ 曾经坐落于北京市东四南大街的国家版权局旧址。（国家版权局版权管理司 供）

　　1978年，党的十一届三中全会以后，中国的经济社会发展出现了重要的转折。1980年，在中央领导同志大力支持下，国家出版局成立了中国出版工作者协会版权研究小组，该小组就是之后国家版权局的前身，这标志着中国版权保护事业中的版权管理机构建设工作正式启动。

　　由于当时许多人对版权的认识仍局限于与出版相关的一些工作，同时由于版权工作刚刚起步，许多工作还未就绪，版权保护的具体工作仍归文化部出版局管理。20世纪80年代中期以后，随着中国版权研究工作的不断深入，国际社会对中国版权保护的关注日益增强，以及国内外版权纠纷事件的日益增多，组建专门的版权行政管理机构以政府的行政手段推动版权工作已显得十分必要。1985年6月28日，文化部呈文国务院，建议在文化部设立版权局。同年7月25日，国务院同意了文化部的建议，同时决定将文化部原出版局改称国家出版局。国家出版局与国家版权局为一个机构、两块牌子，当时还特别说明因新成立的版权局带有"国家"二字、发国徽图章，文化部出版局才"改称"国家出版局、发国徽图章。国家出版局局长兼任国家版权局局长，首任局长为边春光。版权行政部门正式以政府机构的名义走上了中国版权保护的历史舞台。

　　1987年1月，国务院决定设立直属国务院的新闻出版署，保留国家版权局，继续保持一个机构、两块牌子的形式。同年12月，新闻出版署署长宋木文兼任国家版权局局长，新闻出版署副署长刘杲兼任国家版权局副局长。1993年5月，于友先出任新闻出版署署长兼国家版权局局长，沈仁干出任国家版权局专职副局长。2000年10月，石宗源出任新闻出版署署长，同时兼任国家版权局局长。2001年，新闻出版署（国家版权局）升格为正部级单位，改称新闻出版总署（国家版权局），仍为一个机构、两块牌子，石宗源任新闻出版总署署长、国家版权局局长，沈仁干任国家版权局专职副局长。2004年5月，阎晓宏出任国家版权局副局长。2005年12月，龙新民出任新闻出版总署署长、国家版权局局长。2007年4月，柳斌杰出任新闻出版总署署长、国家版权局局长。

　　国家版权局是国务院著作权行政管理部门，负责全国的著作权管理工作，其主要职责是：

　　（一）贯彻实施著作权法律、法规；起草著作权方面的法律、法规草案；制定著作权管理的规章和重要管理措施并组织实施和监督检查。

○ 2006年4月10日，国家版权局举行新闻座谈会，向媒体介绍中国政府推动电脑预装领域的软件正版化工作情况。图为国家版权局新闻发言人王自强接受媒体采访。（国家版权局版权管理司 供）

（二）审批著作权集体管理机构、著作权涉外机构、国（境）外著作权认证机关、外国和国际著作权组织在华设立代表机构。

（三）指导地方著作权行政管理部门的工作；查处或组织查处有重大影响的著作权侵权案件；代表国家处理涉外著作权关系，组织参加著作权的双边或多边条约、协议的谈判、签约和国内履约活动。

（四）负责著作权管理工作全国性宣传、教育及表彰活动。

说到国家版权局的发展历程，不得不提到23年前的一次关乎国家版权局命运的会议。

1987年1月9日上午，时任国务院总理的赵紫阳主持召开国务院常务会议，审议新闻出版署建署方案。会议上，建署方案得到顺利通过，而在国家版权局的问题上，却遭遇困难。在有无必要继续设置版权局的问题上引起争论。有的同志提出："版权和出版是一回事，由管出版的机构管就行了。"也有人讲"即便版权与出版不同，也不必单独设立国家版权局，在新闻出版署设一职能部门来管就可以了"。还有同志提出："这个机构叫出版版权局不行吗？"总而言之是建议摘掉国家版权局的牌子。

当时赵紫阳对这种合二为一的建议没有立即表明态度，他转身问来参加会议的国家出版局、国家版权局负责人"出版和版权放在一起行吗？"

当时负责牵头草拟组建方案的宋木文同志回答道："版权与出版是两回事，版权管理主要是保护作者的权益，出版则是对出版物的管理，在国际上也是分设不同的管理机构，不可混为一谈。"刘杲做了补充："出版和版权本就不是一回事，国家版权局的牌子不应摘掉，对内对外版权局都有很多事情需要做。"

最终，会议通过了组建方案，保留国家版权局，一个机构，两块牌子。历史证明，这一决定是完全正确的。从全国角度，随着我国政府对版权保护工作的重视，各级版权行政管理机构也在国家版权局成立后相继建立。1987年，甘肃省率先成立了省级版权局。之后，全国31个省、自治区、直辖市以及部分中心城市和地市相继成立版权局。在机构建设方面，我国已形成了国家、省（自治区、直辖市）版权局以及中心城市版权局的层级管理体系，版权行政管理体系逐步健全，版权行政管理队伍不断扩大，在实施著作权法、维护著作权合法权益、打击侵权盗版规范市场秩序、促进版权相关产业发展等方面发挥了重要作用。

20世纪八九十年代，是中国音像业发展最快和繁荣的年代，但是由于行业管理的混乱和盗版音像制品的猖獗，音像业可谓盛极而衰，面临危机。

1991年7月，根据国务院对音像行业管理的职责分工，国家版权局开始负责国内音像制品的版权管理工作。这对于刚刚起步的国内版权行政执法工作无疑是个巨大的挑战。

首先，当时国内音像业管理体制上正上演着"三国演义"，广电、文化、新闻出版（版权）三部门多头管理的现象，实行的是出版社审批、音像制品节目审查、市场发行放映、版权登记、光盘复制的分头管理机制，相关管理法规规章尚不健全，也不衔接；其次，国内的版权行政管理部门又面临机构不健全、执法力量弱等问题。但国家版权管理部门并没有知难而退。1995年，国家版权局会同有关部门根据国务院的统一部署，分步骤对音像业的生产源头——光盘复制厂进行整顿，重点清理正规光盘厂生产盗版光盘的问题。

为了确保国内的光盘复制生产从无序走向有序，版权部门和有关部门同心协力、

◇ 2006年10月30日，国家版权局召开"重点地区打击网络侵权盗版专项行动视讯会议"。（国家版权局版权管理司 供）

多管齐下，联合向各地光盘复制厂派出驻厂监督员，公安部还在深圳建立了专门鉴定光盘材料的鉴定中心，借以确定光盘的出厂"身份"，运用技术手段加强对光盘复制企业的监管。在清理整顿过程中，"扫黄打非"和版权管理部门针对地下光盘生产线盗版猖獗现象，从1996年开始，治理工作重点放在了深挖地下光盘生产线上。1996年9月19日，广州市率先推出了奖励举报地下光盘生产线的制度，对举报查实一条地下光盘生产线给予30万人民币重奖。此办法一推出，立即引起了社会各界的强烈反应，群众举报踊跃，打击盗版光盘生产线的行动出现了突破性进展，当年就挖出盗版生产线二十多条。此后，这种悬赏举报奖励制度上升为国家的相关政策。据统计，二十多年来，全国共打掉地下光盘生产线二百四十六条，非法制作盗版音像制品的行为受到有效遏制。

与此同时，"扫黄打非"和版权管理部门加大了对正规光盘企业的版权监管力度，据不完全统计，1994—2004年10年里，全国给予吊销复制经营许可证处罚的光盘复制企业达9家。2006年查处违规光盘复制企业专项行动开展后，又清查了涉及18个省区市的48家光盘复制企业，对14家有违规复制行为的光盘复制企业依法进行了行政处罚，其中6家企业被吊销复制经营许可证、8家光盘复制单位被责令停业整顿。

◇ 2007年4月14日，辽宁省及沈阳市版权局等部门在沈阳市举行了保护知识产权集中宣传暨销毁盗版光盘仪式，集中销毁盗版光盘约45万张。（辽宁省版权局 供）

第三节 | 健全版权行政执法规章 严格规范版权执法程序

1996年3月17日,第八届全国人大第四次会议通过《中华人民共和国行政处罚法》,并于同年10月1日起施行。

为贯彻落实《行政处罚法》,规范著作权行政执法行为,国家版权局抓紧行政执法立法工作。1997年1月28日,时任国家版权局局长的于友先签发国家版权局令第2号,发布《著作权行政处罚实施办法》,自同年2月1日起实施。《实施办法》对著作权行政处罚程序作出了详细的规定,对于规范著作权行政管理部门行政执法行为,维护著作权行政执法秩序,保护行政管理相对人的合法权益发挥了重要的作用。

1997年4月,国家版权局根据权利人投诉,就广州雅芳有限公司未经授权复制香港Pacific unidata有限公司的计算机软件一案依据《行政处罚法》和《著作权行政处罚实施办法》进行立案调查。经过调查,发现1995年4月,雅芳公司在向实际上没有授权资格的美国Jenkon公司购买使用香港Pacific unidata拥有版权的unidata软件时,没

◇ 江苏省2006年反盗版百日行动启动仪式现场。(江苏省版权局 供)

有签定任何授权合同或其他法律文件，未尽义务核查提供软件方是否拥有该软件的著作权，从而未经合法授权复制使用了他人的计算机软件，侵犯了他人的著作权。国家版权局根据著作权法以及实施条例和《计算机软件保护条例》的有关规定，决定对雅芳公司给予罚款人民币49万元的行政处罚，因对本案处罚数额较大，国家版权局按《行政处罚法》的规定，通知被诉人进行处罚听证，尊重了被诉人的合法权益，保证了此处罚决定的顺利执行。这是《行政处罚法》实施后，国家版权局首次通过听证程序实施行政处罚的案件，是一次可贵的行政执法实践。

1997年9月，国家版权局启动颁发全国统一的著作权行政执法检查证。"执法检查证"由国家版权局集中管理，统一监制、填发，并从1997年起对申领"执法检查证"人员进行上岗培训与考核。此举的出台，进一步规范了版权行政执法活动。

2003年9月、2009年6月，根据著作权行政执法新形势、新情况的发展需要，国家版权局对《实施办法》进行了两次修订，进一步规范了执法行为，这对于提高依法行政水平、严格执法、克服执法不力现象，起到了非常重要的促进作用。

◇ 湖北省2007年盗版出版物销毁活动现场。（湖北省版权局 供）

实施司法保护与行政管理并行的版权执法双轨制，这是基于中国的社会性质以及我们目前的发展阶段而作出的制度性选择。由于目前中国的法制基础较为薄弱，是市场经济还不完善的发展中大国，且处于社会转型期，仅靠司法救济途径不足以有效实施版权法。大量在市场存在的侵权盗版行为如都通过司法途径解决，几乎很难实现。因此，大规模的侵权盗版行为由行政机关进行查处，对有些疑难复杂的案件采取民事诉讼救济措施，同时通过行政诉讼对行政执法决定进行复审，既可以实现复合保护、有效发挥各自的优势，又可以促进行政机关依法行政、提高水平。这是我国版权保护制度的一个显著特点和基本优势。

当前，我国版权立法逐渐完善、执法体系日臻健全，但侵权盗版屡禁不止、社会版权意识有待进一步增强，加强执法、厉行监管已成为当前我国版权工作的重中之重。侵权盗版的严峻形势要求加强版权执法、维护我国的国际形象、营造良好的市场环境也要求加强版权执法。自2004年以来，各级版权行政管理部门把工作重心转到加强执法上，在执法环节投入了更多的资源和力量，在开展日常的监督、管理工作的同时，针对某一领域侵权盗版的突出问题，相继开展了反盗版百日行动、反盗版天天行动、打击网络侵权盗版、盗版教材教辅治理行动、光盘复制企业清理整顿、打击软件预装领域侵权盗版等多项行动，重点解决特定时期、特定领域的突出矛盾和问题，打击力度不断加大，社会效果明显。据统计，2000年至2009年，各级版权行政执法部门共办理行政处罚案件83686起，收缴各类盗版制品7.1亿多件，严厉打击各类侵权盗版行为，树立和维护中国政府保护知识产权良好形象。

特别是自2005年开始，国家版权局会同信息产业部、公安部开展的打击网络侵权盗版专项行动，是国内最早启动的互联网领域的治理行动，已连续开展了6年，有效打击了互联网领域的侵权盗版行为，在社会上引起较大反响，受到互联网业界和国内外权利人的普遍欢迎，为互联网产业的健康发展提供了良好环境。

2005年，我国网民总人数超过1.1亿人，网站数量超过69万个，互联网产业迅猛发展。但由于互联网无国界、海量存储和传输迅速的特点，给管理带来了很大难度，网络侵权盗版活动日益猖獗，有的领域甚至触目惊心。相当一部分的网站未经授权，大量提供电影、音乐、软件等作品的非法传播或下载；一些不法分子盗取网络游戏源代码、破坏技术保护措施，以"私服"、"外挂"等方式从事互联网游戏的侵权盗版活动等。这些行为严重侵害了权利人的合法权益，极大地冲击了正版音像、软件市场，扰乱了网络传播秩序，成为严重制约我国互联网产业健康发展的瓶颈，引起国内外权利人和相关权利人组织的高度关注。

为规范网络传播秩序，保护权利人的合法权益，2005年10月，国家版权局召集中国软件联盟、在线反盗版联盟、金山软件有限公司、人民教育出版社、美国电影协会、国际唱片业协会、美国商业软件联盟等权利人组织和相关单位，征集网络侵权盗版案件线索。同时通过开通举报网站等形式，向全社会广泛征集案件线索。到10月底，共收到涉及文字、音乐、影视、软件、游戏等各类作品被侵权盗版的投诉举报信息1042条。通过对投诉举报信息等案件线索的深入挖掘整理，确定了28个国家版权局直接挂牌督办的重点案件和120个由省级版权部门查处的普通案件。

11月14日，国家版权局召开打击网络侵权盗版执法工作会议，时任国家版权局局长石宗源要求，各地版权部门要突出案件的查处工作，明确任务，落实责任，精心组织，集中办案，强化宣传，扩大影响，确保行动取得预期效果，彻底纠正网络知识产权"无人管"和"管不了"的认识误区，规范网络侵权盗版的混乱局面。

在为期三个月的专项行动中，各地版权部门在当地公安、电信主管部门的大力配合下，重点打击未经权利人许可、通过互联网向公众传播他人作品及音像制品的违法行为，重点查处了一批专门以营利为目的，通过网络提供电影、音乐和软件下载的大案、要案。截至2005年12月31日，共查办网络侵权案件172件。执法人员在对涉案173家网站、405台服务器进行大量调查、取证工作的基础上，依法关闭"三无"网站76家，没收专门用于侵权盗版的服务器39台，责令137家网站删除侵权内容，对29家侵权网站予以罚款处罚（共罚款78.9万元），移送司法机关涉嫌刑事犯罪案件18件。其中，查办境外权利人及权利人组织举报的案件14件，占28个重点案件的50%。第一次打击网络侵权盗版专项行动达到了预期目标，得到了社会各界的关注和好评，也得到境外权利人组织的充分肯定。国际唱片业协会和美国电影协会分别致函国家版权局，认为这次打击网络侵权盗版的治理工作"艰

◇ "拒绝盗版软件"宣传图。

巨而卓有成效"。

2006年7月，《信息网络传播权保护条例》颁布实施，为打击网络侵权盗版提供了更为有力的法律武器。2006年10月，国家版权局召开重点地区打击网络侵权盗版专项行动视讯会议，启动第二次网络治理专项行动，时任国家版权局局长龙新民、副局长阎晓宏在会上做了动员和部署，中宣部、全国扫黄打非办、全国整规办、公安部、信产部的有关领导也参会并讲话。会议强调，专项行动要尽可能地抓大案，特别是刑事案件；对于主要用于盗版的服务器，要坚决予以没收；要加强跨地区合作，注意信息收集，做好宣传报道工作。

专项行动中，国家版权局通过各种途径搜集整理了网络侵权盗版案件线索共302件，确定北京、上海、广州等19个地区为重点查处案件地区，其中50件被列为国家版权局重点督办的案件。专项行动进一步完善了与公安、通信管理部门的协作机制，充分发挥公安机关和电信行业管理部门在网络执法中的优势，建立有利于网络版权执法工作的长效机制。各地版权局之间建立执法互动、信息共享、协作办案的联动机制，整合执法资源，提高办案效率。据统计，2006年专项行动各地共办理案件436件，其中责令停止侵权行为361起，罚款705100元，没收服务器71台，关闭非法网站205个，移送司法机关案件6起，其中安徽省六安市的王远因"随风传奇"私服案被法院以侵犯著作权罪判处有期徒刑3年、15万元罚金、没收违法所得60万元及作案工具。

2006年，针对计算机生产、销售等领域未经授权预装盗版软件的非法行为，在全国范围还开展了集中打击非法预装计算机盗版软件专项行动。各地版权部门通过与计算机电子商城管理方签定执法责任书、积极推动计算机硬件销售企业与软件商签定销售正版软件协议等多种方式，建立软件销售与守法责任制，规范生产、销售计算机预装正版操作系统软件的行为。

2007年，打击网络侵权盗版专项行动在深化打击上下工夫，重点查处一批专门从事非法传输电影、音乐、软件（游戏）、图书等作品的侵权盗版网站，惩办一批违法犯罪分子。专项行动共办理案件1001件，其中责令停止侵权行为832起，罚款870750元，没收服务器123台，电脑51台，关闭339个非法网站，移送司法机关案件31起。其中北京金互动公司侵权案，非法复制发行他人享有著作权的电影作品已超过1000部，非法经营额超过1000万元人民币，违法所得数额巨大，在国内外造成恶劣影响，被依法追究刑事责任。吉林"传奇"私服案，依法对犯罪分子处以2年有期徒刑并处10万元罚金。另外，各地版权局对数十家重点知名大型网站和专门从事电影、音乐、软件（游戏）、图书等作品的网站实施主动监管，并指导帮助这些网站建立健全版权管理制度，提高网站经营者尊重版权守法经营的意识，使网络环境得到进一步净化。

2007年9月，为积极动员全社会参与打击侵权盗版活动，加大打击侵权盗版力度，经国务院温家宝总理、吴仪副总理签批，在国家保护知识产权工作组、财政部的支持下，国家版权局设立了"打击侵权盗版举报、查处奖励资金"，重点奖励举报及查处重大侵权盗版行为的有功单位及个人。9月29日，"国家版权局反盗版举报中心"正式成立，并公布了全国统一的反盗版举报投诉电话12390。国家版权局局长柳斌杰在为反盗版举报中心揭牌时强调，反盗版举报中心的成立反映了我国政府打击盗版的坚定决心，标志着我国反盗版工作迈出了更加务实的一步，反盗版工作正式对社会开放，面向公众，吸引个人和团体积极参与进来。通过对举报及查处重大侵权盗版行为的有功单位及个人进行奖励，有利于调动政府部门和社会公众两个方面的积极性，有利于造成一个强大的反盗版声势，在全社会营造尊重知识、尊重创造的氛围，逐步改善我国版权保护的社会环境。

为保证奖励工作有效开展，国家版权局颁布实施了《举报、查处侵权盗版行为奖励暂行办法》，规定对查处或协助查处重大侵权盗版案件有功的，每个案件将对单位最高奖励10万元，个人最高奖励1万元。2008年8月，国家版权局反盗版举报中心对举报有功个人马某给予现金奖励，这是举报中心成立以来，对社会公众举报进行奖励的第一人。2008年年底，国家版权局首次对在2006—2007年度打击侵权盗版、查处重大案件工作中作出突出贡献的120家有功单位及94名有功个人给予表彰和奖励，并颁发了329.5万元奖金；2009年8月，国家版权局对在2008年查处侵权盗版案件工作中作出突出贡献的173家有功单位及166名有功个人给予表彰，并颁发了650余万元奖金；2010年，国家版权局对在2009年查处侵权盗版案件工作中作出突出贡献的169家有功单位及173名有功个人给予表彰和奖励，并颁发了奖金493.1万元。

2008年，国家版权局会同有关部门建立奥运反盗版快速反应机制，积极维护奥运版权，查处网络非法转播奥运赛事活动，得到国际奥委会和社会各界的高度赞扬。

2009年7月，国家版权局、公安部、工业和信息化部联合在全国范围内开展为期4个月的打击网络侵权盗版专项治理行动，这是三部门联合开展的第五次打击网络侵权盗版专项治理行动，历时4个月，这也是近年来最长的一次专项治理行动。此次专项治理行动采取了规范合法网站与打击非法网站相结合的措施，在严厉打击各种网络侵权盗版行为的同时，注重规范重点互联网企业和网站使用作品行为，加大对在各地区有影响的互联网企业和网站的主动监管，对网络影视传播、文学网站、网络新闻转载等涉及作品授权使用问题进行主动检查，通过宣传教育、自查自纠、限期整改等方式，树立互联网企业和网站"先授权、后传播"的法律意识，

从源头上防范侵权盗版行为的发生。专项行动期间，各地共对3130家重点网站实施主动监管，各级共查办网络侵权案件558件，关闭非法网站375个，采取责令删除或屏蔽侵权内容的临时性执法措施556次，罚款总计133万多元，没收服务器163台，向司法机关移送25起涉嫌构成刑事犯罪的重大案件。

据统计，在2005年至2009年连续五年开展打击网络侵权盗版专项行动中，各地版权、公安、电信等部门密切配合、集中执法，共查办互联网侵权盗版案件2621件。其中，依法关闭1198个专门从事侵权盗版的非法网站，责令停止侵权行为2061件，罚款461.22万元，没收服务器、计算机硬件设备719台，将涉嫌构成著作权法罪的91起重大案件移送相关司法机关，打击了侵权盗版违法分子的嚣张气焰，震慑了违法犯罪分子，我国网络版权市场秩序逐步改善。

◇ 国家版权局与中国版权研究会联合举办的第二届全国著作权好新闻评选颁奖大会1996年9月24日在京举行，国家版权局局长于友先（中）出席大会并作了重要讲话。（国家版权局版权管理司 供）

第五节 | 推进政府和企业软件正版化工作

软件产业是信息产业的核心与灵魂，是国民经济发展的基础性和战略性产业，是信息化建设的关键环节，在国民经济和社会生活中具有举足轻重的地位。进入新世纪以来，国家高度重视民族软件产业的发展，制定了若干鼓励软件产业发展的政策。2000年6月，国务院颁布了《关于印发鼓励软件产业和集成电路产业发展的若干政策的通知》，从投融资、产业技术、税收、出口、人才等方面为软件产业和集成电路产业发展提供了政策支持，特别强调加强软件知识产权保护，任何单位在其计算机系统中不得使用未经授权许可的软件产品，在全社会全面推动使用正版软件的工作。

全面推进使用正版软件工作，是党中央国务院加强软件知识产权保护、促进软件产业发展的战略决策。2001年，时任国务院副总理的李岚清同志就使用正版软件、

◇ 2005年南京市机关推进软件正版化工作会议。（江苏省版权局 供）

打击盗版软件问题作了一系列重要批示：9月19日，李岚清在《关于新闻出版总署（国家版权局）机关使用正版软件情况的报告》上批示："保护知识产权，国务院所属各部门首先应带头不用盗版软件。"10月25日，李岚清在《国务院办公厅关于使用正版软件，清理盗版软件的通知》上批示："此事要认真抓。我们不做出榜样，打击盗版就难以落实。"12月29日，李岚清又专门批示："必须清除盗版软件，'己不正，焉能正人'，要逐个单位检查，所需经费应予保证。"对推进政府部门使用正版软件提出了具体要求和明确目标。

2001年10月，国务院办公厅发出了《关于政府机关要带头使用正版软件清理盗版软件的通知》，对中央国家机关软件正版化工作做了全面部署，要求国务院各部委、各直属机构带头使用正版软件，同时要求地方各级人民政府参照该通知精神，制订具体措施，做好地方各级政府清理盗版软件、使用正版软件工作。国家版权局、信息产业部、财政部、法制办、国管局认真贯彻落实国务院的工作部署，督促各部门各单位认真做好"自查自纠、软件需求、集中采购、统一更换"专项工作，稳步推进中央国家机关软件正版化工作。

使用正版软件

创新企业价值

国家版权局

◇ 坚持使用正版软件宣传图。

为加快中央国家机关软件正版化工作进度，确保在规定时间完成正版化工作目标，2002年3月19日，李岚清在国家版权局上报国办的《关于使用正版软件清理盗版软件工作进展简报》上批示："必须认真检查，严禁弄虚作假，搞形式主义。结果要向媒体公布，有不实者被举报后要严肃查处。"2002年4月8日，李岚清对软件正版化工作再次作出指示，"不能一拖再拖，要有一个最后期限"。在中央领导同志的重视和支持下，在国务院办公厅的领导下，通过各部门的共同努力，国务院各部门于2002年4月全部实现了通用软件正版化的工作目标。

2004年5月，在总结中央政府部门开展软件正版化工作经验的基础上，国务院决定在全国范围开展政府部门软件正版化工作，并向各省、自治区、直辖市和计划单列市人民政府发出了《关于地方人民政府使用正版软件的通知》，再次就开展政府部门软件正版化工作进行了专门部署。

随后，国家版权局、信息产业部、财政部、国务院法制办、国管局5部门根据国务院有关领导的指示精神，于2004年7月建立了"推进地方人民政府软件正版化工作部际联席会议制度"，研究制订了《关于推进地方人民政府软件正版化工作的实施方案》，并定期研究和分析各地开展政府部门软件正版化工作的情况，形成了较为完备的工作机制。根据国务院办公厅《关于地方人民政府使用正版软件的通知》划定的职责分工，认真履行工作职责，国家版权局、信息产业部、财政部等部门联合组织了推进地方人民政府软件正版化培训活动，举办了5期"软件正版化工作培训班"；国家版权局编写了《政府部门软件正版化工作手册》，为推进政府部门软件正版化工作提供了政策指导。2004年8月—12月，5部门先后派出13个联合督查组，对全国31个省（区、市）开展软件正版化工作的情况进行了全面检查和督导，对经费落实情况进行了重点检查，确保购置正版软件的资金全部到位。2005年11月下旬至12月中旬，部际联席会议根据国务院领导同志的要求，把督导地市人民政府软件正版化工作纳入2005年国务院"保护知识产权专项行动督查工作"内容，先后派出了5个联合督查组，对云南、贵州、重庆、河南、湖北、山东、山西、新疆和辽宁9省（区、市）地市政府部门开展软件正版化工作的情况进行了全面的督查，有力地推动了各地政府部门软件正版化工作的进程。为解决经济欠发达地区的经费困难问题，国家版权局、信息产业部组织动员相关软件企业，向西藏、青海和宁夏3个省级政府部门以及新疆、甘肃、陕西、内蒙、山西、云南、贵州等省区的地市政府部门捐赠了通用办公软件。在各级政府的共同努力下，全国31个省（区、市）、5个计划单列市以及333个地级市政府部门，分别于2004年12月和2005年12月全部实现了通用软件正版化的工作目标。据统计，省（区市）和市（地）两级政府部门共采购各类软件136万余套，其中操作系统软件42万多套，办公软件近60万套，杀毒软件约35万套。

为进一步巩固政府部门软件正版化工作成果，建立使用正版软件的长效工作机制，2006年3月30日，信息产业部、国家版权局、商务部联合印发《关于计算机预装正版操作系统软件有关问题的通知》，国家版权局会同原信息产业部、财政部、国务院机关事务管理局印发《关于政府部门购置计算机办公设备必须采购已预装正版操作系统软件产品的通知》，要求各级政府部门在购置计算机办公设备时，必须采购预装正版操作系统软件的计算机产品，必须提供必要的购买软件的配套资金，从源头上确保政府机关使用正版软件。根据通知要求，各级政府部门有效巩固了已取得的软件正版化工作成果，并根据需求不断加大正版软件的采购数量。2007年以来，中央国家机关各部门加大了正版软件采购力度。政府部门软件正版化工作，为带动全社会使用正版软件产生了积极的示范作用，不仅提高了全社会的版权保护意识，营造和倡导了尊重知识产权的社会氛围，也极大地鼓舞了民族软件企业的信心，也为在全社会推进软件正版化工作创造了良好的氛围，打下了坚实的基础。

为进一步扩大软件正版化工作取得的成果，党中央、国务院决定在基本实现政府部门软件正版化的基础上，全面启动推进企业软件正版化工作。2006年4月19日，胡锦涛总书记在访美期间，向国际社会承诺中国政府将全面推进企业软件正版化工作。根据国务院的工作部署和《2006年知识产权行动计划》的安排，2006年4月，国家版权局、信息产业部、商务部、财政部、国资委、全国工商联、银监会、证监会、保监会9部门联合发布了《关于印发〈关于推进企业使用正版软件工作的实施方案〉的通知》，对推进企业软件正版化工作进行了全面部署，要求各级政府、各有关部门结合本地工作实际，制定贯彻落实《实施方案》的具体工作计划，切实做好推进企业正版软件工作。企业软件正版化工作全面启动。

为加强对企业使用正版软件工作的组织领导，保证企业使用正版软件工作的顺利进行，2007年2月，国务院批准同意由国家版权局、信息产业部、商务部、财政部、国资委、全国工商联、银监会、证监会、保监会9部门建立"推进企业使用正版软件工作部际联席会议制度"，进一步加强了对开展企业使用正版软件工作的组织协调力度。截至2010年12月，有18282家大中型企业列入年度完成使用正版软件的阶段性目标，12262家企业已经过检查验收、基本完成使用正版软件工作目标，中央企业推进较快，金融、煤炭、印刷、旅游饭店、网吧、勘察设计等重点行业取得了突破性进展，推进企业使用正版软件工作取得阶段性结果。以国有大型企业为例，129家中央企业集团总部已经全部实现正版化，2008年中央企业信息化在软件方面的投入达748亿元。

为进一步巩固政府机关软件正版化成果，2010年10月下旬，国务院办公厅分别发出了《国务院办公厅关于进一步做好政府机关使用正版软件工作的通知》和《国务院办公厅关于印发打击侵犯知识产权和制售假冒伪劣商品专项行动方案的通知》。11月5日，温家宝总理亲自出席全国知识产权保护与执法工作电视电话会议，对在

全国范围内开展为期半年知识产权专项行动进行动员部署，要求做好政府机关使用
正版软件的日常监管和督促检查工作,中央和地方政府机关要分别于2011年5月底前、
10月底前完成软件正版化的专项检查和整改工作。王岐山副总理多次听取软件正版
化工作汇报，明确要求进一步加大软件正版化推进的工作力度。毕井泉副秘书长多
次召开部委协调会，对软件正版化的各项工作进行部署。

　　按照国务院部署要求，国家版权局于2010年11月5日向国务院办公厅、商务部、
工信部等30个"全国打击侵犯知识产权和制售假冒伪劣商品专项行动领导小组"和
"推进企业使用正版软件工作部际联席会议"成员单位发出了《关于商请提前完成
软件正版化专项检查和整改工作的函》，商请相关部门于2010年12月底前率先完成软
件正版化检查整改工作；并在2010年11月15日召开的全国版权局长专题会议上，倡
导北京、上海、广东、江苏、浙江和深圳、大连、青岛、宁波、厦门等经济条件比
较好的地区率先完成软件正版化检查整改工作。随后，国务院机关事务管理局、新
闻出版总署发出了《关于做好使用正版软件专项检查和集中采购有关问题的通知》，

◇ 2006年2月，江苏省省级机关使用正版软件政府采购合同签字仪式。(江苏省版权局 供)

对中央各政府部门软件检查、软件需求、政府采购、使用管理等情况进一步提出了要求；财政部发出了《关于进一步做好政府机关使用正版软件工作的通知》，明确了国家机关采购正版软件的经费保障，以及将软件纳入固定资产进行核算和管理等问题；国务院机关事务管理局发出了《关于进一步加强中央行政事业单位软件资产管理工作的通知》，对软件清理检查、正版软件使用、软件资产配置、软件资产日常维护、软件资产处置等软件资产管理提出了具体要求。

截至2010年12月31日，国务院办公厅、工业和信息化部、商务部、新闻出版总署（国家版权局）等31个部门机关本级已经全部率先完成软件正版化检查整改工作，共采购安装正版软件19827套，采购资金2211万元；在地方国家机关方面，青岛市全面率先完成市、区两级党委、人大、政府、政协、法院、检察院机关的软件正版化检查整改工作，采购安装正版软件15278套，采购资金7663万元。与此同时，为进一步加大推进企业软件正版化工作力度，推进企业使用正版软件工作部际联席会议决定在国家电网上海市电力公司、北京银行、中国人寿保险（集团）公司、联想（北京）有限公司等30家企业开展软件资产管理试点工作。

软件正版化工作，对内关系到软件产业发展所必需的市场环境，涉及成千上万中国企业的切身利益，直接影响着加强自主创新、建设创新型国家的工作大局；对外涉及中国履行国际承诺、妥善处理对外关系，营造国家发展的良好外部环境。软件正版化工作为民族软件产业发展提供了良好的市场环境和创新动力。据统计，我国软件登记数量2000年以前每年仅300件—500件，2006年至2010年，全国软件著作权登记量以平均年37%的速度保持连续增长，由2006年的21495件增长到2010年的81966件，整个"十一五"期间，我国软件著作权登记总量翻了两番，五年累计达241591件，是"十五"期间登记总量的四倍。民族软件企业借助推进软件正版化工作东风，发挥国产软件的"性价比"优势，打破了国外软件一统天下的局面，市场份额不断扩大、产品质量不断提高，形成了金山、中望、CAXA、浩辰等一大批高水平的民族软件企业。

2008年8月，第29届奥运会在北京举行。为有效维护奥运版权及相关权利，严厉打击针对第29届奥林匹克运动会赛事及相关活动的非法转播行为，中国打击奥运侵权反盗版工作组于赛事开始前的2008年8月在北京成立。打击奥运侵权反盗版工作组由国家版权局、工业和信息化部、国家广电总局、国务院新闻办等部门组成，各成员单位按照"谁主管、谁负责"的工作原则，共同确保奥运赛事转播顺利进行。工作组建立了《处理非法转播奥运赛事及相关活动案件快速反应机制》，对全国互联网上的涉及奥运赛事转播权侵权行为进行实时监控、快速处理；指导、跟踪、协调和督办案件查处工作；收集掌握全国奥运新媒体转播权案件查处进展情况和动态信息；积极与国际奥委会进行沟通；组织信息发布和对外宣传等。其中，国家版权局负责对打击奥运新媒体转播权侵权行为统筹协调工作，根据奥运快速反应机制工作流程开展实施监控、收集奥运新媒体转播权侵权案件线索，组织行政查处；工业和

◇ 2008年8月21日，新闻出版总署署长、国家版权局局长柳斌杰（左）在北京会见了第29届奥运会协调委员会主席海因·维尔布鲁根。维尔布鲁根主席代表国际奥委会对中国奥运版权保护工作给予高度评价。（国家版权局版权管理司 供）

信息化部负责执行奥运快速反应机制相关规定，在接到版权执法部门的通知后，立即采取暂时停止接入、关闭网站等处理措施；国家广电总局对违规使用视音频节目信号非法转播奥运赛事及相关活动予以严处；国务院新闻办负责做好执行奥运快速反应机制的对外宣传工作等。

在各部门的共同努力下，奥运反盗版快速反应机制取得丰硕战果，为保护奥运会的相关版权、保障奥运会的成功举办奠定了基础。北京奥运会举办期间，第29届奥运会协调委员会主席海因·维尔布鲁根先生于8月21日上午专门拜访了新闻出版总署署长、国家版权局局长柳斌杰，代表国际奥委会对中国奥运版权保护工作给予高度评价。柳斌杰署长介绍说，中国政府在筹办北京奥运会过程中，始终把奥运知识产权保护作为重要内容，采取了多种措施，整合各方资源，投入很大精力，建立了反盗版快速反应机制，实行24小时监控，对于发现非法转播奥运赛事情况，依照快速反应机制在最短时间内删除盗版信息，其中用时最短的一宗案件，从发现到处理完毕只用了20多分钟，工作成效显著，已先后处理投诉200起，对97家网站进行了处理。维尔布鲁根主席认为打击非法转播是一项极具挑战性且十分重要的工作。由于中国国家版权局及相关部门的高度重视和积极努力，反盗版工作成效显著。通过国际奥委会的自动监控系统表明，90%以上的非法转播都发生在境外，在中国发生的侵权行为都得到了迅速、有效的制止。中国政府出色的反盗版工作为北京奥运会成功举办做出了积极贡献，也为全球奥运反盗版工作树立了榜样。维尔布鲁根表示，国际奥委会希望继续加强同中国政府的合作，通过适当形式总结和交流2008年北京奥运反盗版工作经验，以加强两年后的冬季奥运会、四年后的第三十届伦敦奥运会及以后各届奥运会的知识产权保护。

2008年北京奥运会反盗版侵权的成功经验，也为2010年上海世博会、广州亚运会的版权保护工作提供了有益的借鉴。2010年3月和10月，国家版权局和各地版权部门建立了世博会、亚运会反盗版快速反应机制，以便及时收集世博会、亚运会版权案件线索，采取高效便捷程序进行快速查处，对重大案件查处实行全程跟踪和重点督办，从严、从快打击各类世博会、亚运会版权违法活动，确保重点区域、重点部位、重点时段发生的侵权盗版案件得到快速有效处理。根据快速反应机制要求，各地版权执法部门将收集到的案件线索及时报送到国家版权局，国家版权局对案件线索进行分析研判，部署各地版权部门快速查处。各地版权执法机构对国家版权局移送的和本地收集到的案件线索及时采取有效执法措施予以坚决制止或纠正。国家版权局在全面掌握各地案件的基础上，对重点案件进行连续跟踪、重点督办。对于情节严重、涉嫌构成犯罪的侵权盗版案件，各地版权部门及时向公安机关移送案件，加大刑事打击力度，为世博会和亚运会的成功举办提供了良好的版权保护环境。

从2010年3月开始，国家版权局专门组织开展了以世博会版权保护为主题的打击盗版音像制品专项行动。这次打击盗版音像制品专项行动重点明确、行动快捷有力，音像市场版权环境得到了初步净化，对制作、销售盗版音像制品的违规单位和侵权盗版犯罪分子起到了较大的震慑作用。在本次专项行动中，各地版权执法部门先后出动执法人员21万人次、检查音像经营场所6万多个，共取缔非法摊点3434个、收缴盗版音像制品309万张、立案查处音像盗版案件417起。对涉嫌侵权的两家音像出版社，撤销其音像出版许可证；对涉案的一家音像出版社给予停业整顿的行政处罚；涉嫌构成犯罪的北京两家制作、发行盗版音像制品的公司被移送公安部门追究刑事责任。实践证明，世博会、亚运会反盗版快速反应机制作用明显。

◇ 2002年10月，江苏省新闻出版局等部门查封钟山案涉案印刷机械。（江苏省版权局 供）

第七节 | 文化市场治理综合改革提速 根治基层执法"高位截瘫"

　　版权行政执法是我国版权保护制度的显著特点，我国著作权法直接明确了各级政府版权行政部门的执法地位。但在实践中，版权行政执法机构和队伍建设与其承担的执法责任还不相匹配，特别是基层版权执法一直存在着有机构无队伍和"高位截瘫"状况，基层版权执法责任难以有效落实。

　　2004年以来，中央开始推进文化市场综合执法体制改革。文化市场综合执法改革的核心是整合执法资源，按照属地原则，由专门的机构集中行使文化、广电、新闻出版、版权、文物等文化市场的行政执法权。明确了文化市场综合执法队伍承担的版权执法职责。改革后，文化市场综合执法体制已经基本延伸到县一级。据统计，截至2010年3月底，61%的省（区、市）基本完成文化市场综合执法改革或已制发实施方案；在地市级行政区（包括副省级城市）中，有28%组建了综合执法机构，有

◇ 上海文化执法总队在执法。（上海市版权局 供）

33%成立了文广新综合文化责任主体；在县（区）级行政区中，有28%组建了综合执法机构，有30%成立了文广新综合文化责任主体。按照中央的统一部署，2010年年底将完成副省级及以下城市文化市场综合执法机构的组建。改革完成后，副省级以下城市版权执法权将按照属地原则，由各城市的文化市场综合执法机构在本行政区域内行使，这对版权执法体制是一个重大改变，文化市场综合执法队伍如果能够真正承担起版权行政执法责任，将改变过去那种机构不健全、队伍不落实的状况，基层版权执法从此将不再"高位截瘫"。

文化市场综合执法改革是文化体制改革的重要组成部分，是加强和改进党对意识形态领域领导，贯彻落实依法治国、依法行政的战略举措。文化市场综合执法体制改革为强化版权司法与行政并行的执法体系带来了新机遇，对于市场规范有序、促进经济和文化发展将起到保障作用。

如何把推进文化市场综合执法改革和版权行政执法有机地衔接起来，把各级版权管理部门的规划、部署、指导、监督作用和文化市场综合执法实际承担的执法责任作用有机结合在一起，使体制机制适合市场发展需要，使版权执法有为有位，使版权保护工作能为经济和文化发展服务，是基层版权管理部门面临的任务和责任。这项工作需要全国各级版权管理部门与各级文化市场综合执法机构的相互合作、配合。只有做好这项基础工作,体制机制才能顺畅,版权执法工作才能更具效率。为此，国家版权部门将基层文化市场综合执法机构作为版权执法重要力量，从2009年起连续举办基层版权执法培训班，加大基层版权执法业务培训的力度，不断提高基层版权执法队伍的素质，切实发挥文化市场综合执法机构在基层版权执法工作中的基础性作用，不断改善我国版权保护市场环境。

第八节｜打击侵犯知识产权和制售假冒伪劣商品专项行动在全国展开

2010年10月19日，国务院总理温家宝主持召开国务院常务会议，决定在全国范围内开展打击侵犯知识产权和制售假冒伪劣商品专项行动。

会议指出，近年来，在党中央、国务院高度重视和各地区、各部门共同努力下，我国知识产权保护工作取得积极成效。但侵犯知识产权、制售假冒伪劣商品现象仍时有发生，干扰了市场经济正常秩序，妨害企业竞争力和创新积极性，损害了我国的国际形象。为加大知识产权保护力度，维护公平有序的市场环境，会议决定，从2010年10月底开始，在全国开展为期半年的打击侵犯知识产权和制售假冒伪劣商品专项行动。

会议强调，专项行动要以保护著作权、商标权、专利权和植物新品种权等为重点内容，以新闻出版产业、文化娱乐业、高新技术产业、农业为重点领域，以产品制造集中地、商品集散地、侵犯知识产权和制售假冒伪劣商品案件高发地为重点地区，加大执法力度，严肃查处侵权、假冒、盗版的大案要案，曝光一批违法违规企业，大力

◇ 四川省2005年打击盗版音像制品活动启动仪式现场。（四川省版权局 供）

净化市场环境，增强企业诚信守法经营意识，形成自觉抵制假冒伪劣商品的社会氛围，积极营造知识产权保护的良好环境。一要加大生产源头治理力度。严厉查处非法印刷、复制各类出版物、印刷品、光盘、计算机软件及包装装潢、商标标识等行为。严格审查生产企业资质，坚决取缔无证生产。加强农产品种子品种真实性鉴定，打击无证和"套牌"生产、销售授权品种等行为。二要加强市场监管。查处侵犯注册商标的违法行为，制止恶意抢注商标。加强图书、软件和音像制品市场巡查，严厉打击盗版和专利侵权、假冒行为。加强对商贸流通企业的管理和规范。加大对制售假冒伪劣药品、扰乱药品生产经营秩序行为的打击力度。三要强化进出口环节和互联网等领域的知识产权保护。加强口岸监管，加大对进出口侵犯知识产权企业的处罚力度。继续做好重要展会知识产权保护工作。严厉打击互联网侵权盗版和利用互联网、通信与电视网络销售侵犯知识产权、假冒伪劣商品的行为。四要加大刑事司法打击力度。强化行政执法和刑事司法的有效衔接，重点查办一批情节严重、影响恶劣的知识产权案件。五要确保政府机关使用正版软件。各级政府机关都要将正版软件购置经费纳入财政预算和国有资产管理，购买的计算机办公设备必须符合预装正版操作系统软件的要求，更新计算机软件必须使用正版产品，落实监督责任，开展专项检查。机关工作人员要带头使用正版软件。六要加强知识产权保护宣传，增强舆论引导的针对性、实效性。

会议要求各地区、各有关部门加强组织领导和督促检查，制定实施方案，严格落实责任，密切协调配合，畅通举报渠道，强化社会监督，确保专项行动取得实效。要坚持执法的严肃性、行动的有效性和工作的持续性，把打击侵犯知识产权和制售假冒伪劣商品作为一项长期任务坚持不懈地抓紧抓好。

11月5日，国务院召开全国知识产权保护与执法工作电视电话会议，温家宝总理出席会议并做重要讲话。

11月16日，国务院副总理王岐山主持召开全国打击侵犯知识产权和制售假冒伪劣商品专项行动领导小组全体会议，强调各地区、各有关部门要认真落实温家宝总理在全国知识产权保护和执法工作电视电话会议上的重要讲话精神，针对国内外广泛关注、涉及群众切身利益的突出问题，明确打击的重点，狠抓工作落实，务求专项行动取得实效。王岐山强调，在全国开展为期半年的打击侵犯知识产权和制售假冒伪劣商品专项行动，是党中央、国务院的重大决策部署，各地区、各部门要高度重视，明确本地区、本系统专项行动的重点任务和重点目标，加强生产源头和流通环节整治，集中力量解决突出问题。要组织开展重点检查和突击抽查，及时受理举报投诉，加大执法力度，提高执法效能。对符合刑事立案标准、涉嫌犯罪的案件，行政执法机关要及时移送公安机关，对涉嫌犯罪的依法立案侦查。对情节严重、影响恶劣的案件要挂牌督办，快审快判，依法严惩犯罪分子。要加强专项行动活动的报道，形成打击声势，震慑不法分子，营造自觉抵制侵犯知识产权和假冒伪劣商品的社会氛围。

王岐山要求，各级政府机关要发挥示范作用，带头使用正版软件，对使用非正版软件的行为要自查自纠，带动全社会软件正版化水平的提高。王岐山强调，各地区、各有关部门要加强组织领导，强化督促检查，密切协作配合，把国务院的各项要求落实到最基层。

为贯彻落实国务院的工作部署，新闻出版总署党组高度重视，立即成立了由柳斌杰署长任组长，党组副书记、副署长蒋建国同志和副署长阎晓宏同志任副组长的专项行动领导小组，及时制订实施方案、印发工作文件，扎实推进软件正版化和打击侵权盗版各项工作。

2010年11月，新闻出版总署会同有关部门梳理出55起侵权盗版重点案件，并联合挂牌督办。55起案件覆盖专项行动的重点产品和重点领域，涉及的侵权盗版制品品种多、案值大、情节严重、违法事实明显、涉嫌构成刑事犯罪。总署先后派出7个工作组对重点督办案件进行实地督办，督促地方版权执法各相关部门切实加大案件查处力度，办结一批重点案件。截至2011年2月，在55起重点案件中，法院已判决或裁定办结的案件8起，处于法院审理阶段的案件5起，处于检察院审查起诉阶段的案件4起，处于公安机关立案侦查阶段的案件20起，行政机关行政处罚办结的案件4起，处于行政机关调查阶段的案件14起。专项行动中，各地出动执法人员65.4万人，检查印刷复制企业9.2万家，图书、软件、音像批销场所25.8万家，已对227起违法案件作出行政处罚，取缔无证经营摊点6063个，查缴盗版制品633.8万张（册），罚款340余万元。在已作出行政处罚的227起案件中，印刷复制企业源头治理领域案件29起，打击网络侵权盗版领域案件68起，出版物市场领域案件130起。专项行动取得初步成效。

第三章 稳步推进的中国著作权司法审判工作

题记

　　为了适应中国著作权司法审判工作发展的需要，最高人民法院、全国各高级人民法院和中级人民法院以及经济发达地区的基层人民法院设立了专门的知识产权审判庭。各级法院知识产权庭的审判人员以著作权法为依据，以保护著作权人合法权益、维护良好版权市场秩序为目的，积极面对互联网等新技术所引发的版权新问题、新挑战，大胆进行了版权司法审判实践的有益探索。随着我国树立科学发展观、建立创新型国家大政方针的确立，以及《国家知识产权战略纲要》的全面实施，中国的著作权案件审判工作进入一个新时期。最高人民法院按照国家知识产权战略的要求，以开拓创新的精神，在知识产权司法领域锐意改革，大力推动完善知识产权审判体制和工作机制，努力实现审判资源的进一步优化配置，为知识产权的创造和运用提供了司法保障。

第一节｜起步虽晚 后势迅猛的著作权司法审判工作

新中国的著作权司法审判工作，其发展历史可追溯到20世纪80年代初。在《中华人民共和国著作权法》颁布实施前，全国各级人民法院依据国家的立法原则和《民法通则（试行）》中第94条"公民、法人享有著作权（版权），依法有署名、发表、出版、获得报酬的权利"的规定，审理了一批著作权纠纷案件，既保护了著作权权利人的合法权益，也为国家的立法机构制定著作权法提供了可贵的司法审判实践经验。但大量审理著作权案件还是在著作权法颁布实施之后。

北京是中国的首都，是全国政治经济文化中心，地位特殊，反映在著作权案件的审理方面也是十分突出。1991—1999年，全国法院受理著作权案件3411件，北京市就有1011件，占了1/3。为了保证著作权法的实施适应著作权审判工作发展的需要，1993年6月，北京市率先在高级、中级两级法院建立专门审判知识产权案件的机构——知识产权审判庭，为全国首创。继北京之后，全国各级法院知识产权审判庭开始逐步建立（1995年10月，最高人民法院成立了知识产权审判庭），形成了比较完备的包括版权在内的知识产权的三级司法审判组织体系。

改革开放以来，版权司法案件在逐年增加。据统计，1986年，北京市各级法院全年受理的著作权案件仅为3件，著作权法开始实施的1991年也仅为11件，但到了1995年则上升到103件，2009年更达到3600多件，案件受理的增长势头迅猛。在全国，著作权案件也是增长势头迅猛。相继成立的司法审判机构在著作权保护方面发挥了基础性作用，后来进行的司法审判改革对推进"三合一"知识产权审判体制、保护知识产权起到了重要的作用。

◇ 音像店涉嫌销售盗版《二十四孝》戏曲光盘成被告。（中国法院网 供）

第二节 | 电视节目表使用起纠纷 著作权官司渐入公众视野

20世纪80年代，中央电视台的电视节目预告表是个"香饽饽"，不仅各地的广播电视节目报大量刊登，而且各地晚报、专业报也纷纷全盘照登，严重影响了《中国电视报》的发行量。为此，中国电视报社不得不拿起法律武器维权：一方面在自己报上发表声明，除经过授权的地方广播电视报可刊载外，其他报刊只能登节目摘要；另一方面，着手起诉相关的侵权报纸。就在此时，发生了广西广播电视报社诉广西煤矿工人报社电视节目预告表使用权纠纷案，无疑为中央电视报社助了一臂之力。

1991年8月15日，广西广播电视报社因与被告广西煤矿工人报社发生电视节目预告表使用权纠纷，向广西壮族自治区合山市人民法院提起诉讼。广西广播电视报社诉称：该报经自治区广播电视厅和中国电视报社同意，取得刊登广西电视台和中央电视台节目预告的权利。中国电视报社还授权它们代为追究广西境内各种非广播电视报社擅自刊登中央电视台节目预告的侵权行为。它们先后在《广西广播电视报》上就禁止擅自刊登有关电视节目预告问题发出声明，其他报纸都停止了刊登，只有被告《广西煤矿工人报》仍继续在每星期一出版的报纸中缝刊登广西电视台和中央电视台节目预告。被告的行为侵犯了原告的合法权益，影响原告的报纸发行，给原告造成了较大经济损失。为此，请求法院判令被告立即停止刊登广西电视台和中央电视台一周电视节目预告表的侵权行为，公开赔礼道歉，赔偿经济损失。

被告广西煤矿工人报社辩称：电视节目预告是时事新闻。依照我国著作权法规定，时事新闻不受法律保护，不论作者、出版者均不享有版权。被告的报纸确实从1987年起一直刊登广西电视台和中央电视台一周电视节目预告表，但既没有将原告报上的电视节目预告和文章翻印，也未将其整张广播电视报复印下来出售。因此，原告诉被告侵犯了其权益毫无根据。

合山市人民法院审理认为，电视节目预告属预告性新闻范围，应视为时事新闻。依照《中华人民共和国著作权法》第5条第2项的规定，对于时事新闻，无论新闻单位或者个人都不享有著作权，任何人都可以自由使用。原告诉被告侵权无法律依据，不予支持。

　　第一审宣判后，原告广西广播电视报社不服，向广西柳州地区中级人民法院提出上诉。其理由是：一审判决把电视节目预告表视为时事新闻，不予保护是错误的。上诉人对广播电视节目预告表应享有使用权。

　　柳州地区中级人民法院审理认为：一周电视节目预告表是电视台为了让观众预先知道在一周内的节目以便供其届时选择收看的预报。因而，电视节目预告表不属《著作权法》第5条第2项所指的时事新闻。被上诉人不经上诉人许可，擅自转载一周电视节目预告表，违反了相关规定。上诉人通过与电视台订立协议有偿取得在广西境内以报纸形式向公众传播一周电视节目预告表的使用权，受法律保护。被上诉人的行为已构成对上诉人民事权益的故意侵犯，依照《中华人民共和国民法通则》第106条第2款规定，自应承担民事责任。

　　此案一审原告败诉，二审又胜诉，反反复复。尽管学术界对电视节目预告表有无著作权尚存争议（知识产权著名学者郑成思先生就认为节目表属于新闻时事，无著作权，但报社随意登有专有权的节目表，属于不正当竞争行为），但案件的审理曝光是一次很好的著作权普法宣传，无形中让社会公众了解到著作权是一种民事权利，电视节目预告表不能白用！

　　时隔多年，1998年中央电视台首次对法院庭审进行直播，就选择了上海电影制片厂等十家电影制片厂诉北京天都电影版权代理中心、天津泰达音像发行公司、中影音像出版社著作权纠纷案。央视直播案件庭审本身就是新闻，更何况是涉及电影、音像界的著作权案件，再次成为社会的热点新闻。

　　此案的直播从上午持续到下午，尽管案件的头绪较多，原被告的交锋并不精彩，案件也未当庭判决。但这次电视直播法院公开审理著作权案件，在国内外产生了重大反响，被认为是中国法制建设中的大事。由于其影响之大，这次庭审还被作为次年全国高考政治科目的素材。

第三节 | 恪守国际双边承诺，迪斯尼、20世纪福克斯诉讼连胜

1992年1月17日中美两国签定《中华人民共和国政府与美利坚合众国政府关于保护知识产权的谅解备忘录》（以下简称《中美备忘录》），根据此规定，美国国民的作品自1992年3月17日起，受中国法律的保护。该备忘录的签署揭开了我国著作权保护依法承担国际义务的序幕。

就在《中美备忘录》签定不久，美国沃尔特·迪斯尼公司就起诉北京出版社、北京少年儿童出版社、新华书店总店北京发行所未经其许可，出版、发行、销售的《班比交朋友》、《小飞侠的胜利》等9本《迪斯尼的品德故事丛书》中复制迪斯尼公司的卡通形象，向北京市第一中级人民法院提起诉讼。此案的受理和审判颇受中外媒体关注。北京市第一中级人民法院于1995年5月18日作出一审判决如下：北京出版社和新华书店北京发行所于本判决生效之日起立即停止出版、发行《迪斯尼的品德故事丛书》；北京出版社要在一家中国出版的、全国发行的报纸上向原告沃尔特·迪斯尼公司公开赔礼道歉；向原告美国沃尔特·迪斯尼公司一次性支付赔偿费人民币22万余元等。原告方不服提出上诉，北京市高级法院于1995年12月19日作出了基本维持一审判决的终审判决。

就在迪斯尼起诉北京出版社等之后，美国20世纪福克斯电影公司因与北京市文化艺术出版社音像大世界发生著作权纠纷，向北京市第一中级人民法院提起诉讼。20世纪福克斯电影公司诉称：它们是电影作品《独闯龙潭》、《虎胆龙威1、2》著作权的合法拥有者，根据中美两国签定的《中美备忘录》以及1992年10月15日对中国生效的《伯尔尼公约》的规定，其拥有的电影作品的著作权应当受到《中华人民共和国著作权法》的保护。该公司在提起本诉讼之前从未授权被告发行销售其电影作品，也未授权任何第三人许可被告进行同样的行为。被告未经原告许可，以录像、发行等方式使用作品，是对其著作权的严重侵犯，应当承担侵权的法律责任。北京市第一中级人民法院经过认真审理后于1996年11月26日判决：被告北京市文化艺术出版社音像大世界立即停止销售侵犯原告20世纪福克斯电影公司著作权的激光视盘；被告北京市文化艺术出版社音像大世界向原告20世纪福克斯电影公司支付赔偿金2万余元人民币。

这两起涉及美国著作权人案件的审理，证明中国恪守了国际版权多双边承诺，中国的法院秉承公正执法的原则，公平对待不同国籍身份版权民事主体，对侵犯著作权的违法行为依法追究其法律行为，维护了司法公正。

第四节｜积极应对互联网发展引发的版权纠纷

　　1998年北京市海淀区法院受理了一起涉及计算机网络的著作权诉讼——陈卫华诉成都电脑商情报社侵犯著作权纠纷案。其基本案情为："3 d 芝麻街"为国际互联网上一个人主页的名称，版主署名为"无方"。该主页于1998年1月开始上载文件，内容主要为有关三维动画设计的文章。1998年5月10日一篇题为《戏说maya》的文章被上载到该主页上，作者署名为"无方"。1998年10月16日，成都电脑商情报社在其主办的《电脑商情报》上刊登《戏说maya》一文，文章署名为"无方"。同年11月，陈卫华向成都电脑商情报社发出电子邮件，说明其本人系《戏说maya》一文的作者，同年12月2日，陈卫华又向该报社发出传真，提出该报社应承担侵权责任。成都电脑商情报社收到上述函件后拒绝了陈卫华的要求。陈卫华就以成都电脑商情报社侵犯其著作权为由向北京市海淀区人民法院提起诉讼。

　　北京市海淀区人民法院经审理认为，电脑商情报社侵权事实成立，理由如下：

　　第一，作品是指文学、艺术和科学领域内，具有独创性并能以某种有形形式复制的智力创造成果。这种智力创造成果应当能够在一定时间内被有形的载体固定下来并保持稳定状态，为社会公众直接或借助机器所感知、复制。本案所涉《戏说

◇ 钟山案审判现场。图为江苏省版权局版权处处长陆幸生作为鉴定人出庭作证。（江苏省版权局 供）

maya》一文，系对三维动画技术的一种文学化的描述，具有独创性，能够以数字化形式被固定在计算机硬盘上、通过www服务器上载到国际互联网上并保持稳定状态，可为社会公众借助联网主机所接触、复制，故该文章应视为受著作权法保护的作品。鉴于现尚无其他证据证明该文此前已经发表，故该文首次上载到个人主页"3d芝麻街"上的时间即为发表时间。

第二，我国法律规定，如无相反证明，在作品上署名的人即为作者。个人主页"3 d 芝麻街"的版主与该主页上《戏说maya》一文作者的署名均为"无方"。虽然当前个人主页的设立与使用并无明确的法律规定，但在一般情况下个人主页密码的修改、内容的添加和删改工作只能由个人主页的注册人完成。陈卫华作为专业人员，能够修改该个人主页的密码、上载文件、删改文件，电脑商情报社据此已认可陈卫华即为"无方"，亦未提出相反的证据证明特殊情况的存在，故陈卫华应为"无方"，《戏说maya》一文的著作权归陈卫华所有。

第三，著作权是法律赋予作者对其创作的作品所享有的专有权利。陈卫华将《戏说maya》一文上载到互联网上发表，实际是在网络空间传播其作品。电脑商情报社在其主办的登有商业广告的报纸上擅自刊载陈卫华的作品《戏说maya》，为其商业目的扩大了该作品的传播范围，侵犯了陈卫华的作品使用权和获得报酬权，故电脑商情报社应依法承担侵权责任，停止侵权、向陈卫华公开赔礼道歉并赔偿由此给陈卫华造成的合理的经济损失。

海淀区法院依据《中华人民共和国著作权法》相关规定作出判决：被告停止使用原告的作品《戏说maya》；要在其主办的《电脑商情报》上刊登声明向原告公开致歉，并向原告支付稿酬并赔偿经济损失共计924元。案件受理费2017元，由被告负担。一审宣判后，原被告均未提起上诉。

此案引发了报刊转载是否适用于网络环境下的思考。一种观点认为，目前报刊、网站上的作品被相互转载的情况普遍存在，而法律对此又无明确的规定，为了使网络上这种无序的使用作品行为得到及时、有效的控制，考虑到网主转载他人作品前确也难以找到著作权人取得许可并支付报酬的实际状况，以及促进网络信息传播，考虑网络产业与著作权人权益平衡等，在有关法律对此作出明确规定之前，将《著作权法》第32条中关于报刊转载的规定扩大解释于网络环境，不失为目前情况下一种可行的应急措施，这样至少能使著作权人的获酬权得以保障，使法官办案有据可依。另一种观点认为，报刊转载本身就与《伯尔尼公约》、TRIPs协议等规定相悖，不能再将其扩大到网络环境下。在实践中《著作权法》第32条的执行情况并不理想，许多报社、杂志社借报刊转载之名连载他人的小说作品，以规避法律。因此，简单地将著作权法关于报刊转载的规定扩大于网络环境是有失妥当的。

这里还要特别提及北京市海淀区人民法院的知识产权审判工作。该院地处"中国硅谷"的中关村高科技开发区。这里知识密集型企业云集，科研发明不断产生，科技人才流动频繁。因此，自然也就容易引发一些知识产权纠纷。海淀区法院秉公执法，大胆探索，涌现了全国优秀法官宋鱼水这样的知识产权庭审判人才，审理了一大批在全国很有影响的知识产权案件，其中就有号称"网络传播权第一案"——王蒙等6作家诉世纪互联案。

1999年年初，北京世纪互联通讯技术有限公司下属的"北京在线"网站设立了"小说一族"栏目，在未征得作者同意的情况下，该栏目先后刊登了原告王蒙、张抗抗、毕淑敏、张洁、张承志、刘震云6位作家的《一地鸡毛》、《坚硬的稀粥》、《漫长的路》、《红罂粟》、《预约死亡》、《黑骏马》和《北方的河》共7部小说作品。王蒙等6位作家以被告的上述行为侵犯了自己的著作权，于1999年6月15日向北京海淀区法院提起诉讼。

王蒙等6位作家认为，世纪互联通讯技术有限公司事先并未取得授权同意擅自刊登他们依法享有著作权的文学作品，其行为已侵犯了其享有的作品使用权和获得报酬权。请求法庭判令被告停止侵权行为，公开赔礼道歉，并赔偿经济和精神损失。提出诉讼6作家之一的毕淑敏表示：没有打招呼，就把别人的作品搬上网肯定是侵权的。更何况，阅读和下载作品本身虽然不收钱，但是"北京在线"网站上这么多的商业广告表明，这是一个商业站点，免费阅读和下载小说客观上达到了吸引网民、提高网站访问量，进而提高广告效果从中牟利的目的，所以网站的这种做法属于侵权是不容置疑的。另一位提起诉讼的作家张抗抗是最早就"网上藏书"问题向中国作家协会作家权益保护委员会提出保护请求的作家。她认为："现在大家普遍理解认为，国家对网上转载作品没有明确的法规。实际上在著作权上是有明确规定的，用任何一种形式选用作家的作品都应该经过作家的同意。如果没有经过作家的授权，就随便在网上传播作家的作品，实际上已经构成了侵权。我们并不反对上网，我们也愿意上网，但如果网站是以赢利为目的的，那么不管有多么充分的理由，不与作者打招呼就将作品随便在网上发表，这种行为就应该受到舆论的谴责和法律的制裁。对经过我们允许后把我们的创作情况和作品上网的网站，像'今日作家网'和'图书大厦网'我们也是很支持的。"

世纪互联通讯技术有限公司则辩称，他们是国内最早从事国际互联网上内容提供的服务商，在法律对通过互联网传播他人作品是否需要取得作品著作权人的同意、怎样向著作权人支付作品使用费用等问题都没有任何规定的情况下，他们没有义务先征得作者的同意。况且涉案作品还是由网友"灵波小组"成员自发从已在网上传播的文学作品中摘选上传的，并非公司行为。同时，刊载6位作家作品的"小说一族"栏目的用户很少，没有任何经济收益，在提起诉讼后，公司已从网站上及时删除了有关作品。所以，世纪互联认为他们的行为仅属于"使用他人作品未支付报酬"的问题，没有侵害原告的著作人身权，6作家在诉讼中主张的精神损失是不能成立的。至于主张的经济损失，也没有相应的法律依据。因此，世纪互联刊载6位作家作品的行为无侵权故意。

此案争议焦点主要是原告是否享有其作品的网络版权？我国版权法规定的作品财产权中是否包括"网络传输权"？

海淀区法院审理中认为，一部作品经过数字化转换，以数字化方式使用，只是作品载体形式和使用手段的变化，并没有产生新的作品，作品的著作权人对其创作的作品仍然享有著作权。因此，在国际互联网的环境下，六原告作为其作品的著作权人享有著作权法规定的对其作品的使用权和获得报酬权。虽然著作权法对"网上传播他人作品"行为性质没有明确界定，但著作权法的核心在于保护著作权人的正当权益。在未经许可网络环境下使用他人作品，将对著作权人的著作权尤其是经济利益产生重大影响，对此若不控制，互联网上的著作权则将形同虚设。因此，法院最后以"扩充解释"的方式为著作权人的权利内容作了补充。应该说，这个"扩充解释"是具有创造性的，对该案的判决起到了至关重要的作用。

北京市海淀区人民法院1999年9月18日作出一审判决，被告停止使用案件涉及的原告的作品；被告在其网站主页上刊登声明，向原告王蒙等6原告致歉；被告向原告各赔偿经济损失1680元、720元、1140元、5760元、4200元、13080元。一审判决后被告提出上诉，1999年12月17日北京市第一中级法院裁决驳回上诉，维持原判。

"网络传播权第一案"的判决，意义重大。此判决受到了各方面的好评，为司法解释和著作权法的修改提供了判例。据当年审理此案的审判员杨伯勇的回忆，该案判决的内容和对法律的适用与2000年12月19日颁布的《最高人民法院关于审理涉及计算机网络著作权纠纷案件适用法律若干问题的解释》中的许多规定是一致的，同《中华人民共和国著作权法（修正案）》确定的网络传播权的规定也是相一致的。在法律没有明确规定，各方面意见难以统一的情况下，法官通过广泛听取各种意见，以《民法通则》的基本原则为指导，合理公平地平衡不同利益，找到了正确处理案件的答案。由于此案的推动，1999年被定义为中国网络版权保护的开元之年。此案的判决，为2001年《著作权法》的修改和2006年5月国务院颁布的《信息网络传播权保护条例》提供了司法实践的成功判例。

第五节｜名作版权屡遭盗版 名家大社奋起维权

  2001年3月1日，一场出版社之间侵权官司在京城举行新闻发布会。人民文学出版社要求中国社会出版社和另一被告北京顺义富各庄福利印刷厂共同赔偿109万多元的经济损失，其中包括人民文学出版社的50多万元图书专有出版权损失和14位著作权人的58余万元损失。人民文学出版社的维权之举得到了京版十二社反盗版联盟的支持。

  此前，2001年2月8日，巴金(《家》作者)、刘辽逸(《童年》译者)、梅益(《钢铁是怎样炼成的》译者)、周佩珍(《复活》译者汝龙的夫人)、李玉茹(《雷雨》作者曹禺的夫人)、韦韬(《子夜》作者茅盾之子)、陈恕(《繁星·春水》作者冰心之女婿)、郭平英(《女神》作者郭沫若之女)、舒济(《骆驼祥子》作者老舍之女)、傅敏(《名人传》译者傅雷之子)、朱世嘉(《谈美书简》作者、《歌德谈话录》译者朱光潜之女)、沙灵娜(《巴黎圣母院》译者陈敬容之女)、徐小玉(《鲁滨逊漂流记》译者徐霞村之女)、张立琴(《格列佛游记》译者张健之女)14位作家或著作权继承人委托人民文学出版社向北京市第二中级人民法院提交诉状，状告中国社会出版社和北京顺义富各庄福利印刷厂于2000年10月非法印制出版发行了《中学生课外必读名著》(高中部分和初中部分)，侵害了原告的著作权和专有出版权。要求被告：立即停止侵权行为，停止出版、发行《中学生课外必读名著》(高中部分和初中部分)并封存和销毁纸型软片和库存图书。

  "中学生课外文学名著必读丛书"是人民文学出版社新开发的重点图书品牌，当时其发行已达9000万码洋，占该社全年发行总码洋的3/5。而中国社会出版社出版发行的"中学生课外必读名著"，在未经著译者和出版者同意的情况下，公然盗用《家》等14种图书，侵害了人民文学出版社和著译者的利益，使出版社蒙受了巨大的经济损失。此案经过北京市第二中级人民法院开庭调解，被告承认全部侵权事实，同意在《光明日报》、《中国新闻出版报》上刊登启事，向原告赔礼道歉，赔偿原告经济损失103万元。至此，这起国内图书出版业内部赔偿额最高的著作权纠纷案审结。该案的审结也告诫图书出版业内人士，投机取巧牟利，必将受到法律制裁！

第六节 | "数字图书馆" 规范缺失 版权专家愤然起诉

进入21世纪，作为中国知识产权界最具声望的专家郑成思教授，没想到也要为了维护自己的著作权走向法庭。虽然早在20世纪90年代，他也曾为自己的版权专著被侵权而起诉，但当时他只是一个人，这次他是和自己的6位同事一起走向法庭，面临的也是新的侵权方式！

2004年3月初，郑成思发现北京书生数字技术有限公司(以下简称"书生公司")的"书生之家数字图书馆"使用了他的多部作品。而书生公司使用这些作品前并未取得他的许可。郑成思请求法院判令书生公司停止侵权，在指定报刊及网络上刊载道歉声明，并赔偿经济损失19万余元。同时和他一起起诉书生公司的还有李顺德、唐广良、张玉瑞、徐家力、周林、李明德6位同事。

2004年底，北京海淀区人民法院对郑成思等7位知识产权法研究专家诉书生公司侵犯版权案作出一审判决，判令书生公司立即停止侵权，在《法制日报》上公开致歉，赔偿7位知识产权研究人员经济损失及其他费用共计21万余元。被告提出上诉后，二审法院维持原判。

数字图书馆的建立是利用计算机网络等技术手段，更好地传播文化科技知识，但其使用作者的作品同样需要授权。更何况某些公司以数字图书馆之名义行商业经营之实。

知识产权专家走上法庭维权，此案引起了公众的极大兴趣。但本案中暴露出来的数字图书版权授权问题，或许比诉讼本身更值得关注。随着数字技术的发展，信息传播量几何数量级地增长，著作权人与版权使用者之间的交易越发困难。版权交易如果沿袭着版权使用者与著作权人之间一对一的传统交易模式，会严重阻碍大量版权交易的进行，事实上也影响作者作品的传播和使用以及由此带来的经济收益。因此，建立数字网络环境下科学合理的版权商业模式，解决版权授权等问题，在维护作者的合法权益的同时，促进中国数字图书馆的发展也就提到日程上了！

第七节 | 高院网络直播庭审 著作权审判公之于众

2008年11月14日上午，最高人民法院开庭审理了孙楠诉北京金视光盘有限公司、淄博银座商城有限责任公司和江西音像出版社侵犯表演者权纠纷案。这是最高法院首次对庭审进行网上直播。

由于此案涉及著名歌星孙楠，引起了社会关注，而且最高法院对庭审进行了网络全程直播，此举也引发了网民的普遍关注。这个案件并不复杂：2006年，孙楠的委托代理人王飞在银座商城购得彩封标有"孙楠对视"、"sunnan最新专辑"字样的被控侵权音像制品专辑一盒。孙楠以该光盘第1-7、9-16首曲目均为其表演，金视公司、江西音像出版社擅自出版、复制、发行上述专辑，侵犯其表演者权为由诉至淄博市中级人民法院，请求判令银座商城停止销售涉案音像制品；金视公司、江西音像出版社停止侵权、销毁涉案音像制品、赔偿其经济损失30万元，并承担诉讼费用。淄博市中级法院支持了孙楠的大部分诉讼请求。一审宣判后，北京金视公司不服，提起上诉。山东省高级人民法院经二审后判决撤销一审判决，并驳回孙楠的诉讼请求。孙楠于是向最高法院提出申请再审。为此，最高法院知识产权庭的3位法官组成合议庭，决定2008年11月14日再次对这起案件开庭审理。庭审过程中，双方代理人主要围绕孙楠是否享有涉案曲目表演者权、金视公司是否侵犯孙楠表演者权、在认定侵权的情况下如何裁定赔偿数额等3个争议焦点进行辩论。由于双方争议较大，证据又不够充分，法庭并未当庭宣判。该案审判长于晓白当庭表示，合议庭将根据具体情况合议后对案件作出裁判。

看似简单的侵权纠纷，却因为证据问题而难于作出判决，这也引发了公众对保护知识产权案件中举证责任的思考。本案审判长、最高法院知识产权庭法官于晓白对此表示，音像制品在复制、发行过程中涉及的法律关系较为复杂，权利主体既包括著作权人，如词曲作者、文字作品作者、影视作品著作权人等，又包括邻接权人，如表演者、制作者、出版者、发行者（销售商）等。在具体案件中，如何准确适用法律，依法确定各权利人之间或者许可人与被许可人之间的权利义务，如何运用举证规则来分配各方当事人的举证责任非常重要。"本案虽然只是个案，但对于提高公众知识产权保护中的举证责任意识具有普遍意义。"最高法院网络直播著作权案件庭审，透明度高、形式出新，使社会公众更加深入了解维护著作权的重要性和必要的方法。

第八节｜番茄花园"庄主"获刑 打击盗版软件力度加大

伴随着计算机产业的飞速发展，计算机软件的知识产权保护一直是困扰各国的大问题，无论是发达国家、还是发展中国家。盗版软件的猖獗始终是阻碍各国软件产业发展的"毒瘤"，难以根除。

2008年7月，由版权行政管理部门立案查处并移送司法机关的"番茄花园软件盗版案"引起公安部门高度重视和积极侦办。2008年9月—12月，被告人孙显忠、张天平、洪磊、梁焯勇先后被依法逮捕。2009年6月3日，检察机关以被告单位成都共软网络科技有限公司及4名被告个人犯侵犯著作权罪为由向苏州市虎丘区法院提起公诉。

经查明，自2006年12月起，四川网联互动广告有限公司和成都共软网络科技有限公司以营利为目的，由成都共软网络科技有限公司总经理孙显忠指示张天平和洪磊、梁焯勇合作，复制微软公司的Windows XP计算机软件后制作多款"番茄花园"版软件，并以修改浏览器主页、默认搜索页面、捆绑其他公司软件等形式，在"番茄花园"版软件中分别加载百度时代网络技术（北京）有限公司、北京阿里巴巴信息技术有限公司、北京搜狗科技发展有限公司、网际快车信息技术有限公司等多家单位的商业插件，通过互联网在"番茄花园"网站、"热度"网站发布供公众下载。

2009年8月20日，苏州市虎丘区法院作出一审判决：番茄花园修改版Windows XP作者、番茄花园网站法人代表洪磊被判处有期徒刑3年6个月，并处罚金100万元人民币；全面策划并操控番茄花园商业运作的主犯孙显忠被判处有期徒刑3年6个月，并处罚金100万元人民币；被告单位成都共软网络科技有限公司被判处罚金877万余元，并罚没违法所得292万余元。此后，"番茄花园"系列软件侵犯著作权案的民事赔偿部分，在苏州中院的努力下，微软公司与侵权方达成和解协议，获得了共计300万元的民事赔偿。 此案的公正审理，特别是对软件盗版侵权人课以刑罚、并处高额罚金和民事赔偿，这在以往并不多见，充分显示中国打击软件盗版侵权行为的决心和力度，受到国际社会的普遍好评，对网络侵权盗版行为产生了巨大的震慑作用。

第九节 | 国家知识产权战略确定 著作权审判工作大步前行

随着我国坚持科学发展观、建立创新型国家大政方针的确立，以及2008年公布的《国家知识产权战略纲要》的实施，中国的著作权案件审判工作进入一个新时期。这从最高人民法院2010年4月20日发布中国法院知识产权司法保护状况（2009年）白皮书中可见一斑：从1985—2009年，人民法院共审结知识产权民事一审案件166408件。行政审判方面，从1985年至2009年，全国地方法院共审结知识产权行政一审案件6387件。刑事审判方面，从1997年至2009年，共审结知识产权刑事一审案件14509件。

知识产权民事案件一审结案率从2003年的75.35%上升到2009年的85.35%，上诉率从2003年的59.38%下降到2009年的48.82%，二审改判发回率从2003年的15.19%下降到2009年的6.00%，再审率从2003年的0.80%下降到2009年的0.33%。诉讼调解效果显著，近年来，全国法院知识产权民事一审案件平均调解撤诉率始终维持在50%之上。

最高人民法院还于2006年3月10日正式开通"中国知识产权裁判文书网"，统一上网公开各级人民法院的生效知识产权裁判文书。目前，各高级人民法院和多数中级人民法院以及所有具有知识产权民事案件管辖权的基层人民法院都设立了专门的知识产权审判庭，截至2008年10月，全国地方法院单设知识产权庭298个，专设知识产权合议庭84个，共有从事知识产权审判的法官2126人（截至目前全国地方普通法院共有31个高级人民法院、409个中级人民法院和3119个基层人民法院）。

2008年公布的《国家知识产权战略纲要》对人民法院知识产权司法保护工作首次进行了全新的定位，要求"发挥司法保护知识产权的主导作用"。根据这一要求，全国各级人民法院充分发挥各项知识产权审判职能，依法妥善审理知识产权民事、行政和刑事案件，司法保护知识产权的主导作用日益显现。在知识产权民事审判方面，知识产权民事案件数量继续保持多年来快速增长的势头，案件增幅明显，远超过其他类型民商事案件的增幅，审判质效不断提高，司法名副其实地成为知识产权民事纠纷解决的主导途径。

以2009年为例，全国地方法院共新收和审结知识产权民事一审案件30626件和30509件，分别比2008年增长25.49%和29.73%。其中著作权案件15302件，比上年增长39.73%。在知识产权行政审判方面，人民法院切实发挥司法审查职能，监督和支持行政机关依法行政，保护知识产权行政相对人的合法权益，维护了知识产权行政管理秩序，促进了知识产权行政保护。2009年全国地方法院共新收和审结一审知识产权行政案件2072件和1971件，分别比上年增长92.92%和90.99%。2009年，全国地方法院共审结涉及知识产权侵权的刑事案件3660件，比上年上升10.04%；判决发生法律效力5836人，比上年上升8.31%，其中有罪判决5832人，比上年上升8.28%。

最高人民法院按照国家知识产权战略的要求，以开拓创新的精神，在知识产权司法领域锐意改革，大力推动完善知识产权审判体制和工作机制，努力实现审判资源的进一步优化配置。积极开展由知识产权审判庭统一受理知识产权民事、行政和刑事案件的探索和试点。

截至2009年年底，全国已有5个高级人民法院、44个中级人民法院和29个基层人民法院开展了相关试点。开展试点工作地区的高级人民法院纷纷出台规范性文件，规范和协调试点相关工作。

在我国的著作权审判工作积累了丰富经验、培训了精干队伍、取得了巨大成绩的时候，我们不应忘记那些为此作出过艰苦努力和卓越贡献的法官们，特别是与任建新同志任最高人民法院院长时抓得早、有前瞻性有着重要的关系。

在公正判案的同时，最高人民法院还对涉及著作权保护的若干法律问题作出了许多司法解释。如，2002年10月，最高人民法院通过了《关于审理著作权民事纠纷案件使用法律若干问题的解释》；2003年12月，最高人民法院修正了《关于审理涉及计算机网络著作权纠纷案件适用法律若干问题的解释》；2004年11月，最高人民法院与最高人民检察院公布了《关于办理侵犯知识产权刑事案件具体应用法律若干问题的解释》等等。这些都对全国的著作权审判工作和著作权保护起到了重要的作用。

2001年12月13日，国务院总理朱镕基视察新闻出版总署（国家版权局）。朱镕基在讲话中指出：保护知识产权是国际惯例，如果知识产权得不到有效保护，优秀的正版出版物被盗版产品占据了市场，假冒伪劣产品横行，中国就永远实现不了现代化。

2003年1月14日，中共中央政治局常委李长春视察新闻出版总署（国家版权局）。他在讲话中指出：对于盗版、盗印非法出版物，一定要坚持不懈地打击，严厉依法惩治犯罪分子，不能只停留在没收物品、经济罚款上。

"支持正版、反对盗版"、"保护版权、尊重原创"，正逐渐深入人心，中国正以司法保护和行政执法双重保护来保障中国的版权环境！可以预见，在未来的岁月里，中国的版权保护工作必将在国家知识产权战略的整体推进下，继续大步前行！

第四章 探索中前行的中国版权服务

题记

改革开放以来的三十多年间，特别是著作权法颁布的二十个年头里，我国的版权服务从萌芽走上正轨，各类版权服务机构在各级政府和版权行政管理部门的积极支持下，如雨后春笋般发展起来，并已经初具规模。从中央到地方，已相继建成了业务范围覆盖全国的各级版权公共服务机构和体系；全国近30个省、自治区、直辖市以及部分中心城市陆续成立了版权行业协会；我国已初步建立起了较为完善的管理音乐、音像、文字、摄影、电影等作品的著作权集体管理组织；我国版权代理机构数量不断增多、版权服务范围更加宽泛、版权服务质量不断提高、各类版权代理机构与专业人才队伍也已初具规模，有力地推动着"走出去"战略的实施。这种由版权公共服务机构、版权行业协会、版权集体管理组织、版权代理机构等组成的版权公共服务、社会服务、市场服务体系已在鼓励版权创造和运用、促进版权产业的发展进程中发挥着突出而积极的作用。

第一节 | 版权代理业务：从港澳台开始走向世界

1988年1月，一份由成立不到3年时间的国家版权局提交的《关于当前在对台文化交流中妥善处理版权问题的报告》及其附件《关于出版台湾同胞作品版权问题的暂行规定》呈报到国务院副秘书长张文寿的案头。这份报告是国家版权局在两岸关系相对缓和、台湾当局宣布对大陆出版物有限解禁的基础上，为进一步团结台湾地区和港澳地区的文化界人士，促进两岸文化交流而起草的一个重要文件，开创性地明确规定国家对台湾地区作者应当同对大陆作者一样给予版权保护，要按有关规定制止侵犯台湾地区作者版权的行为，并设立由国家版权局统一归口管理的对台版权代理机构等。

当时，我国虽已制定了保护图书、期刊和音像出版权的内部试行条例，但尚未颁布版权法，大陆与台湾地区以及港澳台地区彼此都不承认保护版权的义务，为了团结台湾地区和港澳台地区文化界人士，促进两岸四地文化交流和祖国的和平统一，国务院原则同意国家版权局提交的《报告》和《暂行规定》，国务院代总理李鹏、国务院副总理姬鹏飞及外交部副部长吴学谦等领导同志相继圈阅了文件，批准将《关于出版台湾同胞作品版权问题的暂行规定》发给相关单位执行，但不公布，先内部掌握。

至此，祖国大陆与台湾地区的文化交流和版权贸易在制度层面有了相对明确的保障和规范，新中国成立以来的第一家版权代理机构——中华版权代理总公司也在北京应运而生，成为当时与台湾地区版权交流与合作的唯一桥梁和最重要渠道。

◇ 2008年5月28日，中国音像著作权集体管理协会正式成立。（国家版权局版权管理司 供）

中华版权代理总公司成立后，1988年10月即参加了在上海举办的第一届"海峡两岸图书展览"，两岸出版和版权业界的常态化业务往来正式启动。据中国版权贸易最早的推动者和开拓者之一的原中宣部出版局局长许力以老人回忆说，为了参加展会，台湾出版事业协会秘书长陈恩泉、光复书局董事长林春辉等台湾出版界同行是分别从香港或绕道日本前来的。应该说，通过代理机构的推动和常态化的展会平台，《中国美术全集》、《中国古建筑大系》等作品在一两年的时间内相继输出台湾地区，《资本论》《中国大百科全书》也在之后跨越海峡在台湾地区出版，两岸版权与出版交流之门终于打开了。

　　从另一个角度看，自中华版权代理总公司成立算起，我国的版权代理机构在20多年的时间内如雨后春笋般发展壮大起来。先是1991年，国家版权局批准成立第一家省级版权代理机构——陕西省版权代理公司，随后又批准成立了一批有专业性和区域性的代理公司。如1993年成立的上海版权代理公司和广西万达版权代理公司，1998年成立的北京版权代理公司等。截至2002年11月30日广州中商版权代理公司挂牌营业，国家版权局共审批了28家涉外版权代理机构从事图书版权贸易代理和版权登记代理业务。他们大踏步地推进了我国图书版权贸易的引进和输出，繁荣了我国的图书市场，推进了中外文化交流。中华版权代理总公司引进的俄罗斯系列作品如《这里的黎明静悄悄》、《卓娅和舒拉的故事》成为当年经典的版权贸易案例，而上海版权代理公司也因为引进美国畅销书排行榜第一位的《戴维拉是如何恢复自我的》而名噪一时。此外，当时推进我国教学研究、科技创新的一系列学术著作、科学文献也大都出自版权代理机构之手。纵观20世纪末的中国图书版权市场，呈现出的是国有版权代理机构一枝独秀的局面。

　　2004年7月1日，《行政许可法》正式实施。国家版权局以开放的心态对待代理制，主动取消了设立版权代理机构的前置审批。自此，大批国外和港澳台地区的出版机构以及我国的民营单位开始涉足版权代理业务。鉴于这两类机构的加入，我国版权代理行业规模也得到了快速的壮大和扩充。境外版权代理机构以安德鲁·纳伯格联合国际有限公司在北京的代表处为例，其成立于2002年7月，代理的图书语种包括英语、法语、德语、意大利语、西班牙语等，其主要业务为负责联络和处理中文简体字版权事宜，并为中国出版社提供更有效的版权信息服务。《在路上》、《没有我们的世界》、《投资者的未来》、《魔鬼经济学》、《谁动了我的奶酪》等一系列畅销书都是由安德鲁·纳伯格北京代表处介绍到中国的。再如DK出版社在北京的办事处,主要负责DK图书在中国内地图书市场的推广和销售,《妈妈宝宝护理大全》、《ELT多级阅读》、《全新摄影手册》等均是其代理的作品。此外,韩国信元、中国台湾地区的大苹果等版权代理公司,成功促成了很多图书的版权引进和输出业务。民营机构如北京读书人文化艺术有限公司等图书公司和文化工作室,他们不仅自己做书,还积极投身到代理业务和选题策划、产品营销中,《穷爸爸,富爸爸》的销售传奇就足以印证他们的能力。此外,随着网络技术的发展,一系列原本致力于发掘原创文学的网站也开始从事本土"草根"作家的版权代理工作,"红袖添香"、"晋江原创网"、"起点中文网"、"榕树下"等都是很好的例证。

自1988年中华版权代理总公司成立至今,我国版权代理机构已经经历了准入、开放、多元的发展阶段,代理的版权门类也由单一的图书,逐步拓展到音乐、电影、游戏、动漫等领域,国有、民营和外资这三种力量支撑着我国版权代理行业更为有力地为版权贸易产业服务。一系列优秀作品的引进实实在在地推动了我国的科技进步和文化繁荣。同时,越来越多的中国原创作品的版权输出,也帮助国际社会了解中华民族五千年的历史文化以及当代中国的社会面貌,逐步树立起了我国在国际社会应有的文化大国风范。

第二节 | 行业协会：从研究走向协作服务

　　我国对著作权的系统研究起源于20世纪80年代，是伴随改革开放产生的。《著作权法》颁布之前，主要是汪衡、李奇、翟一我、郑成思等一批老专家、老同志围绕版权立法做一些基础性的研究工作，翻译、介绍国际著作权公约、有代表性的国家著作权法和外国著作权专家的论著，编写了部分相关著作权知识读物，研究工作主要是为我国立法机构出台相关法律法规进行理论上的借鉴和准备。

　　随着著作权法制建设的不断推进，著作权理论研究队伍逐步形成。为了加强协调和交流，专业学术研究也应运而生。1988年春，中国版权研究会启动筹备工作。在国家版权局的指导下，在全国人大法工委、全国人大科教文卫委、最高人民法院、国务院法制局、文化部、广播电影电视部、国家教委以及中国社科院法学所、中国文联、中国作协、中国人民大学、中国政法大学等部门和团体的大力支持下，1988年5月和7月，筹备组先后召开了两次会议，讨论了研究会的组织机构和工作内容，成立了研究会章程起草小组，后经过多次酝酿和协商，提出了研究会领导机构和建议人选。1990年1月，经中宣部同意，民政部批复，中国版权研究会成立。成立之初，中国版权研究会

◇ 1990年3月9日，中国版权研究会成立大会在北京举行。（国家版权局版权管理司 供）

的性质是我国从事版权理论研究的全国性学术团体。其最初的宗旨是遵循为人民服务、为社会主义服务的方向，贯彻"百花齐放、百家争鸣"的方针，团结全国热爱版权研究的个人和团体，开展版权的理论研究与学术交流，推动全国版权制度的建立和不断完善。这个宗旨现在看来可能感觉非常平常，但在当年特定的历史条件下，还是很有创新性的。1991年，经国家版权局批准，中国版权研究会创办了迄今为止全国唯一的著作权专业杂志《著作权》(2002年更名《中国版权》)。

1989年8月1日，辽宁省率先成立辽宁省版权协会。随着《著作权法》的颁布实施，北京、安徽、吉林、黑龙江、天津、内蒙、山西、山东、上海、河南、湖南、广东、广西、陕西、新疆、云南、贵州、四川、沈阳、大连、苏州、厦门、广州、佛山、西安、长沙、石家庄等18个省、自治区、直辖市和9个中心城市分别成立类似机构，称版权保护协会或学会、联合会。

中国版权研究会和全国各地的版权研究机构、行业协会成立以后，积极开展了一系列的版权研究工作。一般都是每年召开一次学术理论研讨会，既研究版权理论问题，更研究实践问题，特别是能够结合地方执法的实践，开展应用研究。从对著作权法的宣传，发展到对著作权法的全面研究，逐步解决著作权纠纷的行政执法和司法实

◇ 2007年7月17日，中国版权协会第四次全国会员代表大会在京召开。(国家版权局版权管理司 供)

践难题，这始终是这一时期研究工作的主线。各类版权研讨会议的形式多样，研究成果显著，每次活动都会提交一大批研究论文在大会上交流、讨论。有的研讨会结束后，还会把论文推荐到版权专业杂志上发表，有的编辑出版版权研究文集，有的则在会议召开期间开展各类评选活动。这一切，既解决了版权实践中的一些疑难问题，也扩大了版权的宣传，普及了版权知识。

随着时代的发展，在著作权法实施和我国加入相关国际公约后，面对国内外版权保护发展状况的变化，仅组织学术研究与交流已经不能适应我国不断加强版权保护工作的发展要求。由于我国版权保护体系逐步完善，研究会对其职能也进行了相应调整，由研究工作向配合司法机关和版权行政管理机关保护权利人的合法权益，打击侵权盗版，宣传版权知识，开展专业培训转变。

由于"研究"已经不能全面反映协会的功能和作用，2001年，中国版权研究会经国家版权局批准同意，向民政部申请更名为中国版权协会，民政部于2002年4月19日批准。研究会正式更名协会后，其性质也由原来的学术团体变为专业领域的社会团体，协会的宗旨、职能也相应地得到了进一步扩充和变化。近两年来，中国版权协会将工作重心放在了"协"上，在"协助"、"协调"、"协力"上下工夫。协会协助国家立法、司法和行政管理部门推动版权法的完善和实施，特别是承担政府职能转变后分离出来的社会服务工作；协助权利人维权，为他们提供法律咨询和相关服务，包括协助版权相关产业建立起版权保护机制；在版权权利人组织和作品使用者之间发挥协调作用。目前，中国版权协会下设的学术委员会、反盗版委员会、鉴定委员会、版权贸易委员会和版权产业委员会等机构都在各自领域发挥着积极的作用。全国各省市级版权协会也在为权利人、产业界和社会公众提供着形式多样的版权服务。以中国版权协会为代表的版权行业协会的发展和完善，直接提升了我国版权社会服务的能力和水平，已逐步成为我国版权社会服务体系中不可或缺的重要力量。

第三节 | 著作权集体管理组织的发展与壮大

如果说版权制度是为创新之火添加了利益之油，那么，著作权集体管理无疑就是这勺利益之油中的精华。它不仅可以帮助创作者管理个人难以有效行使的"小权利"，帮助创作者普遍获得创新收益，也能够方便使用者便捷合法地获得权利人授权，推动作品的传播，满足广大人民群众的精神文化需求。

世界上最早的集体管理组织起源于法国，已有两百多年的历史。1777年，著名的戏剧家博马舍创立了戏剧立法局，它从由相关剧院获取报酬开始，成为法国戏剧作者和作曲者协会（SACD）的前身。而我国的著作权集体管理机构建立与运作实践，事实上是1990年《著作权法》颁布之后的事情。

1992年12月17日，在国家版权局和中国音乐家协会的共同发起下，中国音乐著作权协会成立，并接受会员委托管理音乐作品的录制权、表演权、广播权，并在全国范围内逐步设立分支机构，开展发放授权许可和收取版权使用费的工作，开创了我国集体管理实践的先河。2004年12月28日，《著作权集体管理条例》颁布，我国的著作权集体管理制度进一步完善。中国音像著作权集体管理协会、中国文字著作权协会、中国摄影著作权协会、中国电影著作权协会陆续成立，一系列轰轰烈烈的维护创作者合法权益的行动随着它们的发展壮大在神州大地如火如荼地开展起来。

一、音乐不是免费午餐
——背景音乐：著作权集体诉讼"第一枪"

1847年，两位法国作曲家对一家表演他们作品的咖啡厅提起诉讼并最终获得法院支持，在著作权发展史中成为具有里程碑意义的经典案例。我国关于背景音乐应当支付著作权使用费的第一起诉讼却发生在2008年末。

2008年11月5日这一天，中国音乐著作权协会在北京市第一中级人民法院将北京美廉美连锁商业公司石景山金顶街超市告上法庭，主诉其播放的背景音乐谷建芬作曲的《烛光里的妈妈》涉嫌侵权，要求赔偿作者的权利损失1万余元，拉开了我国境内首起背景音乐侵权诉讼的大幕。

从时间上分析，我国收取宾馆、酒店的背景音乐版权使用费工作始于20世纪90年代。在刚刚颁布《著作权法》的一段时间里，表演权不仅包括真人表演，即"活表演"（现场表演），还包括"机械表演"（通过机器设备再现活表演），这个概念逐步被业界认知、认可。但也有人非议，认为"超市播放背景音乐只是为了活跃气氛，并不能直接通过播放行为营利，与以音乐为卖点的KTV等场所不同，因此收费存在不合理之处"。所以，本案从立案开始就备受瞩目，法院的判决也随之成为关注焦点。经过激烈的法庭辩论，法院明确认定：美廉美金顶街超市在购买唱片后可以像普通消费者一样欣赏使用，但如果进行商业性用途的公开表演，就必须经过著作权人的许可并支付报酬。虽然在营业性场所播放背景音乐并非直接利用音乐作品获利，但恰当地使用背景音乐，有助于美廉美超市营造氛围，提高消费者在购物过程中的愉悦程度，进而对商家的销售起到促进的作用。因此，在营业性场所使用背景音乐的商家应当缴纳合理的版权使用费。最终，法院判决中国音乐著作权协会胜诉，美廉美金顶街超市承担一定的侵权赔偿。

"有法可依，维权的重锤才能敲在响鼓上。"中国音乐著作权协会法律部主任刘平在事后说："国家实施著作权法和著作权法实施条例，是我国知识产权事业又一进步。作为中国大陆目前唯一的音乐著作权集体管理组织，正在逐年加大音乐作品版权保护力度。有了法律的尺度，协会开展维权工作才有基础、才有保障。"此外，"诉讼不是目的，只是为切实保护音乐著作权人的合法权益的一种手段。今后将陆续针

◇ 1992年12月17日，中国音乐著作权协会成立。（国家版权局版权管理司 供）

对拒不支付背景音乐使用费的个别商业企业提起类似诉讼或行政处罚申请，以加大对音乐著作权利人合法权益的保护力度。"

中国境内的首起"背景音乐维权案"较法国的"咖啡馆案"整整晚了161年。但是，从无章可循到有法可依，从意识淡漠到建立版权概念，从免费午餐到依法付费，经过十余年的发展，我国的音乐著作权保护已经取得了可喜进展。如今，全国数百家三星级以上宾馆、饭店，家乐福、沃尔玛等商场、超市以及肯德基等连锁餐厅都已与中国音乐著作权协会签订了有偿使用许可协议，国航、东航、南航、海航和厦门等地的航空公司也逐步开始为飞机客舱背景音乐付费，签署使用音乐版权许可协议的商业企业已有数千家之多。可以肯定地说：无论是从保护知识产权、规范行业操作的层面，还是从促进企业健康发展的角度，我国著作权集体管理组织都在扎扎实实地兑现着它们在发起、成立时对广大著作权人和全社会许下的承诺，用实际行动提升着整个国家的版权保护水平。

二、集体管理有法可依
——著作权集体管理条例颁布实施

集体管理制度是有效实施著作权法的一项重要制度，也是衡量一个国家著作权法律制度是否完善的重要标志。长期以来，我国在开展著作权集体管理活动中积累了一些经验，但也遇到一些突出问题，如著作权集体管理组织的性质、地位不明确，内部机构设置和管理制度不完善，缺乏对著作权集体管理组织的有效监督等等，使得社会难以对集体管理组织予以认同，增加了开展集体管理工作的难度。尤其在发生侵权时，集体管理组织的诉讼主体地位往往得不到法律的保障，从而难以实施有效的管理和保护，无法真正维护著作权人的合法权益。著作权集体管理制度的立法缺位影响了我国集体管理组织的运作和发展。在这样的背景下，抓紧制定《著作权集体管理条例》就显得十分必要和紧迫。

2001年修订著作权法的一个重点即是明确了著作权集体管理制度，新修订的著作权法第八条明确规定了著作权集体管理组织的性质、法律地位及基本职能，并授权国务院对集体管理组织的设立方式、权利义务、使用费的收取和分配，以及对其的监督和管理等制定行政法规，以保障著作权法的有效实施。

2002年初，国家版权局启动了《著作权集体管理条例》的起草工作。在认真总结实践经验、借鉴国外成功做法的基础上，经反复研究、论证，起草了《著作权集体管理条例（送审稿）》，于2003年7月8日报请国务院审议。国务院法制办高度重视该条例的起草工作，明确将其列为2004年度的立法规划，并在征求了25家中央单位和31个地方政府以及中国音乐著作权协会等社会团体和专家学者的意见的基础上，形成了《著作权集体管理条例（草案）》，经反复讨论修改，于2004年12月22日提交国务院第74次常务会议讨论并原则通过。2004年12月28日，国务院总理温家宝签署第429号国务院令，颁布《著作权集体管理条例》，自2005年3月1日起施行。这是我国继2001年修订著作权法和著作权法实施条例、计算机软件保护条例后，第一次颁布实施有关著作权的行政法规。《条例》的公布施行，对于贯彻实施著作权法，规范著作权集体管理活动，保障著作权人行使权利，便利使用者使用作品，都将具有十分重要的意义。

《条例》既借鉴了国外成功的做法，又立足于我国著作权保护的发展现状，使之能够切实解决实际问题，具有可操作性。《条例》共七章四十八条，重点规定了集体管理组织的设立程序、集体管理组织的机构组成、集体管理活动的内容、对集体管理组织的监督以及法律责任等。

著作权集体管理组织是依照有关社会团体登记管理的行政法规和《条例》的规定进行登记的非营利性组织，对某一种权利行使具有相对垄断性，因此为防止集体管理组织滥用权利，损害权利人和使用者的合法权益，必须加强对集体管理组织的监管。《条例》从五个方面就如何监督著作权集体管理组织作了明确规定：一是对权利人享有的合法权益和维护其合法权益的手段、途径作了明确规定，以实现权利人与著作权集体管理组织利益关系的平衡；二是明确规定著作权集体管理组织的决策机构为会员大会，使权力掌握在作为会员的权利人手中；三是明确规定行政机关的监管职责，分别规定了民政、财政等行政机关对著作权集体管理组织的监管职责，特别是对国务院著作权管理部门的监管职责作了明确规定；四是规定了使用者和其他社会组织对著作权集体管理组织的监督；五是规定了规范著作权集体管理组织运行的各项制度，增强著作权集体管理组织的透明度。

《著作权集体管理条例》颁布实施以来，对我国著作权法律体系的不断完善和保障著作权法的有效实施起到了非常重要的促进作用。

三、卡拉OK收费风波
——中国音像著作权集体管理协会扛起维权大旗

"国家版权局为期30天的卡拉OK版权使用收费标准征求意见已于今天结束，现在宣布征求意见结果。"

2007年9月21日下午3点，全国媒体的目光都聚焦在北京市东四南大街85号国家版权局9层会议室，在这里正在召开卡拉OK版权使用费标准征求意见座谈会。会议将公布国家版权局就中国音像著作权集体管理协会和中国音乐著作权协会上报的卡拉OK版权收费标准的征求意见情况，并将听取权利人、卡拉OK经营者、消费者和行业协会代表的意见。

"从8月21日开始，国家版权局通过各种途径收集到的信息反馈共计540余件次。其中，权利人的意见267件次，他们普遍认为向卡拉OK经营场所收取版权使用费是主张自身合法权益的具体表现，改变KTV '免费午餐' 习惯势在必行，每个包房每天12

元的使用费标准过低，应适当上调，建议调整至16元—18元为宜……"时任版权管理司副司长刘杰用了整整5分钟的时间全面介绍了征求意见的结果。

"我们认为收费标准过高，不切合实际，现在搞经营很困难，我们认为每包房每天1元的标准是我们能够承受的。"来自上海市娱乐业协会的代表毫不客气地表达了意见。

话音未落，著名音乐人李海鹰就接过了这个话题，"我创作了很多歌曲，但在歌曲上的收入很少，目前收到的报酬也不到两万元，而且这些收入还都是从香港华纳转来的。如果以写歌为生，现在连钢琴、电脑都买不起，那是社会的悲哀。前一段花儿乐队的抄袭事件，原因之一就是创作得不到尊重以及得不到合适报酬引起的恶果，我赞成收费!"

"第一次感受到作品的经济价值还是法国人给的，一曲《年轻朋友来相会》就给了1000多美元。现在，我们国家经济发展非常迅速，但每次打开电视，心里总有一种很难言传的感受，歌曲被使用了，本人却不知道，还有人把我创作的歌掐头去尾，随意使用。我常常讲，农民工还有个白条，我们连白条都没有，侵权没商量。我觉得钱不要一家赚，大家分着花。我希望广大卡拉OK业主能够理解我们的艰辛，支持收费! "这个铿锵有力的声音正是来自著名音乐家谷建芬老师。

"我们卡拉OK版权收费刚刚起步，不能与台湾、香港相比，他们收入高、消费高。目前12元的标准比较适合，既照顾了高档卡拉OK，同时也照顾到中、低档的卡拉OK。现在，唱片公司制作一个MTV需要50万元左右，此外，还要投入巨大的宣传费用，作为权利人，我认为卡拉OK厅分出一部分钱来支持唱片公司的发展，是完全必要的。"中唱集团总经理赵大新补充道。

会议室里顿时弥漫起了紧张的气氛，来自卡拉OK业界、娱乐协会、权利人等不同利益群体代表用明确的态度表达着他们截然不同的意见。

时任中国音像著作权集体管理协会筹备组负责人的王化鹏接过大家争议的话题，道出了自己对卡拉OK版权收费工作和收费标准的认识:"确定每天每个包间收费12元，道理很简单，就是经营额占的百分比，在卡拉OK经营中，首先使用的资源是音乐电视作品，然后是人力资源，最后是水电，还有实物，就是矿泉水、啤酒、水果等等。目前提出的收费标准，确定版权费在整个卡拉OK经营中所占的比例只有1%左右。同时，在提出价位时，我们已经进行了大量调研。充分考虑到如果提出的价目过高，就会伤害到娱乐产业的发展;价目太低，著作权人的投入就没有办法回收，著作权人的价值也无从体现。所以，标准既不能太高，也不能太低。同时，考虑到娱乐行业本身在国家定位上是获取利润比较高的行业，否则也不会收取25%—30%的特别税。因此，在制定过程中，著作权人与卡拉OK经营者在20元这个标准度上曾经僵持一段时间。最后，考虑到地域和规模等各方面的差距，提出了目前按12元钱收费的标准，这个标准应当是比较符合现在行业基本情况的。"

这段话讲完，会议室寂静了下来。

一名来自河北石家庄的卡拉OK业主表达了自己的看法:"我已经营了15年卡拉

OK，听了您的分析，十分赞成卡拉OK收费标准，古人说饮水思源、知恩图报，享受了好的作品就应该交费、版权局也好，音像著作权协会也好，只要保障我们出了钱就能要得到真正的版权，我就带个头，支持收费工作！"

在整个闷热的下午，多数代表喋喋不休地争论着收费标准的高与低，也有人因为对法律法规理解程度的不同，对收费主体、收费性质、收费方法、版权费分配透明度这些本不是问题的问题提出了异议。但却有一条根本共识贯穿整个会议，那就是卡拉OK向著作权人交纳版权使用费已不存在任何争议，是天经地义的一件事。

在前后近一年的时间里，中国音像著作权集体管理协会筹备组与有关部门以及卡拉OK业界沟通协商，经不懈努力，使得卡拉OK版权收费工作迈出了这坚实的一步，这是一小步，更是一大步！

这一步不仅帮助音像、音乐著作权人获得了本就应该属于他们的创作回报，更为深远的意义在于，让更多的社会公众和版权内容经营者逐渐认识到，智力财产权利是他们赖以生存和发展的基石，享受了多年免费午餐，到了该买单的时候了。

在经历了3年艰苦的收费工作后，2010年2月1日上午，中国音像著作权集体管理协会总干事王化鹏坚毅地向媒体和公众表示：自2007年启动卡拉OK版权许可工作以来，国内卡拉OK经营业者版权保护意识逐渐提高，支付版权使用费者不断增加。2007年仅收到版权费626万元，2008年收到4678万元，2009年前三季度收到6778万元，截至2010年初可供分配给音像、音乐权利人的金额已达1.2亿元。

四、谷歌"版权门"始末
——中国文字著作权协会替中国作家讨公道

2009年6月的一个平凡的早上，时任中国文字著作权协会总干事杨天赐照例9点来到办公室，筹划一天的工作。当他打开电脑查阅邮件时，看到了一封国际影印复制权协会秘书长奥拉夫发来的英文信件，大意是谷歌（Google）正在全球实施数字图书馆计划，其中可能扫描、收录中国著作权人的作品，提醒中国著作权人可以在9月4日前对谷歌和解协议提出的60美金一本图书的补偿进行回复，也可以选择恰当的方式维护自身权益。

这封信引起了中国文字著作权协会高层的重视，特别是多年从事外事和版权工作的常务副总干事张洪波的关注。他的第一反应是此事绝非信中所言那样简单，不应该是简单地向会员通报这一情况，可能意味着美国公司"豪夺"中国作家的智力成果，而要妥善处理，就必须先了解谷歌扫描收录中国作品的基本信息。

随后，中国文字著作权协会安排五六个员工每天专门查询谷歌数字图书馆扫描收录中国著作权人作品的情况。经过整整3个月的统计，中国文字著作权协会得到了一组惊人的数据，仅抽样调查就显示有至少570位中国权利人的17922部图书被赫然列入谷歌数字图书馆计划之内。一场维权大戏也随之拉开了帷幕。

9月4日，中国文字著作权协会在北京京广中心商务楼邀请在京的32家主要平面和网络媒体召开新闻发布会，通报了谷歌数字图书馆未经许可，擅自扫描收录中国作家作品的基本情况，并明确提出谷歌的和解协议对中国作者无效。此后，央视新闻频道采访了中国文字著作权协会负责人，著名知识产权专家李顺德、张平，以及著名作家张抗抗、毕淑敏、陈村、徐坤、韩寒等。大家都以不同形式明确表示了支持中国文字著作权协会维护中国广大著作权人权益的态度。

在中国文字著作权协会和舆论的强大攻势下，10月19日，谷歌中国法律顾问正式致信，信中说道：谷歌总部希望与中国文字著作权协会建立联系，可以积极推动中国文字著作权协会负责人前往美国谈判，也可邀请你们到谷歌中国所在地与美国总部进行视频会议，或者派员前来谈判。而仅仅几天后，谷歌就迫不及待地告诉文著协，"以示郑重，我们将派谷歌图书搜索战略合作部亚太区首席代表艾瑞克·哈特曼来华，正式与你们进行磋商"。显然此事已震动了谷歌高层。

10月29日，艾瑞克从新加坡飞抵北京，一出机场便提出希望尽快与中国文字著作权协会建立沟通，进入实质性谈判。11月2日，中国文字著作权协会与谷歌举行首轮会谈，张洪波开门见山地提出"此次会谈，我们希望全面地了解谷歌数字图书馆扫描使用版权作品的情况以及商业模式，而且一定是你们谷歌公司自己的理解和分析"。艾瑞克面对这个看似简单却极为关键的问题显得有些不知所措，但还是根据以往的谈判经验从文化大同、给绝版书二次生命等角度阐述了谷歌数字图书馆计划。在整个谈判过程中，中方除表达维权态度外，未就具体问题展开追问。事后，艾瑞克曾

◇ 2008年10月24日，中国文字著作权协会成立大会在京召开。（国家版权局版权管理司 供）

在其他场合透露："当时我的心理十分忐忑，我清楚中方为此次谈判肯定做了很多准备，但万万没有想到会直接切入谷歌数字图书馆运营模式这个关键问题，这在世界其他国家的谈判中是从未见过的。特别是谈判结束时，中方未进行任何实质性的意见表达，更让我感到不安。这次，可能真的棋逢对手了。"

在首轮会谈结束后的几天，中国作家协会也向谷歌发出措辞强硬的维权通告，"谷歌侵权门"迅速成为各大媒体的关键热词。在沉默了几天后，艾瑞克突然致电中国文字著作权协会张洪波："鉴于世界各国权利人的呼声，经过谷歌总部研究，我们决定从北京时间13日零时起，通过官网正式向全球发布修订后的和解协议，将其适用范围从全世界缩小至美英加澳四国。"明眼人都可以看出所谓全世界权利人的呼声，更多的是来自中国的声音，将和解协议修改时间按照北京时间零点计算，也体现了谷歌在对华问题上作出的初步让步，并以此行为体现对中方意见的尊重。这场战役的阶段性胜利来得有些突然！

11月20日上午，在一年一度的中国版权年会期间，国家版权局新闻发言人、版权管理司司长王自强对媒体表示，支持中国文字著作权协会代表中国作家与谷歌进行谈判。来自官方的声音，无异于给正在谈判中的中国文字著作权协会增添了信心。当日下午，备受关注的双方第2轮谈判在京展开，地点仍是京广中心商务楼——中国文字著作权协会所在地，数十家媒体拥挤在狭小的楼道内焦急地等待着。

大约4个半小时过后，会议室大门终于打开了。数十家媒体涌入，艾瑞克起身离开前表示："我授权张洪波先生，将我们刚才达成的谈判共识，向媒体发布。"随后，张洪波面对媒体说道："刚才的谈判我们已经达成几项共识：第一，谷歌应尊重中国作家的权益；第二，应尽快提交谷歌数字图书馆扫描收录中国作家作品的清单；第三，提出解决方案；第四，我们支持科技的进步和社会的发展，但希望通过合法建立起来的数字图书馆在世界范围内传播中国作品。以上4点已经得到了谷歌方面的认可，我们提出的要求，他们也承诺尽快兑现。"

谷歌的态度此时已发生了明显的变化，让步已是明确无误的事实了。

12月22日，中国文字著作权协会与谷歌举行第三轮谈判，但是谈判时间和地点，根据谷歌方面的提议并表示对谷歌的尊重，都没有对媒体提前透露，而且谈判内容也是在谈判结束后两三天才应谷歌要求"低调"发布。由于是非公开磋商，这次谈判具体内容不得而知。但有一个很有意思的细节，此次谈判谷歌明确提出了希望将谈判地点从前两次的京广中心中国文字著作权协会办公室移至谷歌中国的办公室。可能此刻他们才想起用外事谈判的对等原则，找回一些平衡吧。2010年1月9日，谷歌正式向中国权利人致歉，并于1月12日向中国文字著作权协会提交了扫描收录的8万余种中国作品清单（后经确认应为21万种），并承诺在1月12日举行的第四轮会谈中，提交最终清单。然而，1月12日，在会谈即将举行前的几个小时，谷歌公司突然单方面宣布无限期推迟会谈。

纵观"谷歌版权门"事件的前前后后,谷歌无限期推迟会谈的原因可能相当复杂。一方面是谷歌在日本、德国等地的版权谈判也相继受挫。另一方面是谷歌提出的和解协议受到了美国国家版权局和司法部的质疑,提出其违反了版权法和反托拉斯法的规定。此外,可能也与后来谷歌搜索改变中国战略,暂时退出中国大陆市场有一定关系。但有一点已经是明确的,即谷歌承诺在2010年年内提交面向中国作家的最终和解协议,谷歌退出中国不代表谷歌数字图书馆与中国作家谈判的结束。谷歌侵权纠纷的最终解决涉及国内外很多因素,虽未彻底画上句号,但至此已暂告段落。以中国文字著作权协会为代表的中国维权力量,在这场与美国新媒体大鳄的较量中占得了上风,迫使谷歌这艘"互联网航母"在全球范围内首次向一国作家道歉,并首次承诺向一国的集体管理组织提交全部的扫描收录清单。

第四节│版权公共服务机构起步与发展

经过改革开放三十多年来的发展，中国已从计划经济体制转向了社会主义市场经济体制。在版权领域，摒弃计划经济体制的观念和做法，以市场经济理念为指导，加速推进版权公共服务市场化进程，成为现在和将来一段时间内版权工作服务产业发展、社会进步的重要基础。

一、中国版权保护中心
——值得信赖的国家版权公共服务机构

1998年，中国版权保护中心挂牌成立，我国版权公共服务机构开始了从无到有、从小到大的发展历程。

2009年2月16日上午，北京东城区雍和大厦西楼一层张灯结彩，喜气洋洋，一片欢乐气氛。大厅内，由中国版权保护中心主办的"2008CPCC十大中国著作权人颁奖典礼暨国际版权交易中心落成仪式"正在隆重举行，来自新闻出版总署、北京市委市政府、北京市东城区人民政府等行政部门、版权产业界和学术界的代表200余人正

◇ 2009年2月16日，北京市东城区人民政府、中国版权保护中心和北京产权交易所三方签署战略合作协议书。（严肃 摄）

在参加这项活动，共同庆祝国家版权公共服务和版权交易市场建设取得了新的突破。新闻出版总署署长、国家版权局局长柳斌杰，新闻出版总署副署长、国家版权局副局长阎晓宏，北京市委常委、宣传部长、北京市副市长蔡赴朝，中国版权保护中心主任段桂鉴，东城区区长杨艺文等领导出席了该活动，并共同为中国版权保护中心版权登记大厅正式启用剪彩。

柳斌杰署长和阎晓宏副署长在为大厅剪彩后，信步走进中国版权保护中心版权登记大厅。大厅宽敞明亮，整洁有序；工作人员统一着装，微笑热情。柳斌杰署长在听取中国版权保护中心主任段桂鉴讲解版权登记大厅的布局和版权登记管理信息系统的运转流程，并亲自体验版权登记系统后，对国家版权登记工作的规范化、标准化和信息化提升到新的水平感到由衷地高兴，同时对中心的同志们提出了"版权登记大厅的服务要比照银行营业大厅，做到规范有序，井井有条"的殷切希望。

看到国际版权交易中心落成，CPCC版权登记大厅正式启用，中心创新开发的著作权登记管理信息系统同时上线，中心主任段桂鉴的心中既充满了喜悦，又感慨良多。自2007年初他就任中心主任，看到版权登记工作仍然停留在传统的手工作业模式，听到前来登记的著作权人不断反映登记工作的硬件太差，他便下定决心，一定要建设独立的版权登记大厅，开发先进的版权登记管理系统，从根本上提升版权登记软硬件水平，实现"一站式"窗口服务，尽快达到国际标准。为了这个目标，一年多的时间里，他和中心领导班子一起，多方调研，听取业界和广大著作权人对版权公共服务的意见和建议，了解世界各国关于版权登记的制度和现行模式；同时，借助国

◇ 2010年2月17日，由国家版权局指导，中国版权保护中心举办的2009CPCC中国版权服务年会在北京东城区国际版权交易中心开幕，新闻出版总署副署长李东东出席并致辞。（严肃 摄）

家文化产业大发展和北京市政府大力支持创意产业发展的良好背景，与各区政府积极洽谈合作，依托中心独一无二的版权公共服务优势，为各区创意产业发展提供良好的服务支撑。在新闻出版总署党组和柳斌杰署长的大力支持下，中心最终确定了与北京市东城区人民政府全面建立战略合作关系，共同建设国际版权交易中心。

2008年3月初，中心将版权登记服务和行政办公整体迁入位于中关村科技园区雍和园内的雍和大厦，立即着手国际版权交易中心和版权登记大厅的规划和建设，经过一年多的紧张工作，具有国际水平的版权交易中心和版权登记大厅终于呈现在世人的面前。

自从国际版权交易中心落成，版权登记大厅和版权登记管理系统正式启用后，中国版权保护中心一直不断创新，实现了持续快速的发展。在2009年CPCC版权登记大厅实现一站式窗口服务的基础上，结合申请者的实际需求，中心建立起了登记大厅自动排号和查询系统，该系统同时实现了对服务人员进行满意度即时测评，并提供业务流程、收费标准、疑难问题解答和相关法律法规等多方面的查询，大大方便了申请者，提升了登记大厅信息化管理水平。2010年全年共完成计算机软件著作权登记81966件，同比增长 20.69 %；完成各类作品著作权登记11457件/系列，涉及作品93538件，同比增长53%。国际版权交易中心交易额超过5亿元，并搭建了"北京文化金融中介服务平台"，获得了北京银行100亿元专项授信额度。特别是软件登记量突破8万件，连续五年保持高速增长态势，从2006年的2万余件，增加到8万余件，整整翻了两番，平均年增速达37%。这确实是一个令人振奋的消息，真实体现了国家软件产业的快速发展和版权登记服务水平的不断提升。

时至今日，从中央到地方已相继建成了业务能力覆盖全国的各级版权公共服务体系，它们在版权登记、法律服务、信息咨询、国际交往、宣传普及著作权法等方面发挥着重要的作用。

二、关东升"道"字案
——中国版权保护中心助中国书法家胜诉道琼斯

关东升，中国当代著名书法家。其作品享誉海内外，曾作为国礼赠送给多位外国首脑。

道琼斯公司是一家集商业新闻和信息服务为一体的百年跨国媒体集团，在全球一百多个国家和地区设有分支机构。拥有《华尔街日报》和CNBC电视频道等世界著名媒体。其发布的道琼斯工业股票平均指数被认为是反映美国股票市场变化的晴雨表，公司年收入20亿美元以上。

关东升与道琼斯原本互不相干，然而，关东升却通过中国版权保护中心打赢了一场震惊中美的版权维权大案。事起于1994年夏秋之交，友人与关东升联系，说："道琼斯总裁康比德先生即将访华，他在香港工作多年，非常喜欢中国的书法艺术，如果关先生能够给他写一幅书法作品,那就太好了。"关东升应请为康比德先生榜书"道"字,并题上小款:"君子爱财,取之有道。康比德先生正",盖上了自己的名章和闲章。几天后,道琼斯公司北京办事处首席代表送来了康比德先生接受"道"字时的照片,并说康比德非常珍爱那幅"道"字,回国后,就把它挂在了道琼斯总部纽约金融中心17层总裁会议室里。

7年后的一天,关东升家里的电话响了。这是位老朋友,开口就问:"你那个'道'字卖给道琼斯多少钱呀。"关东升一头雾水,不明白对方是什么意思。见他真的蒙在鼓里,朋友就进一步解释说:"打开电脑看看吧,新浪网、搜狐网,道琼斯已把你写的字弄得满天都是。'道'字成了他们公司的商标了。"他上网一看大吃一惊,道琼斯公司真的把他赠送康比德先生的私人礼品制成企业标识了。

原来从1994年11月开始,道琼斯公司将"道"字作品中的题跋、落款、名章、闲章全部删去,换上了道琼斯的中文印章。然后,"道"字作为该公司的企业标识被广泛地用在商业传播上,如道琼斯公司简介、新浪网和搜狐网上的道琼斯公司指数、《华尔街日报》中文网络版、电视广告、报刊广告以及道琼斯工作人员的名片、贺卡、信封、背心,发行200万册的畅销书《道琼斯教你投资理财》,"道"字被显赫地印在了封面上。

通过向经济界人士请教咨询,关东升终于搞清楚了,原来道琼斯公司这款企业标识,是面向中国大陆和全球华人制作的。因为该公司的纯英文标识华人不易识别,而将"道"字冠于标识之首,不仅谐合了道琼斯的英文字首,而且将一个世界商业集团的传输特性与中国"道"字博大精深的几千年传统文化底蕴精妙地结合起来,可谓巧夺天工的"天作之合"。这个标识潜在的社会价值和经济价值是巨大的。

对道琼斯公司这一严重的侵权行为,关东升感到非常震惊,他认为这是对一个中国艺术家人格和尊严的蔑视和践踏,他要向道琼斯讨回公道。但考虑到中美关系,关东升决定先在道琼斯公司所在地美国寻求"非官方庭外调解"。但令关先生感到失望的是,当提出维权请求后,道琼斯公司不仅坚持"没有侵权"的主张,而且在歪曲事实的逻辑指挥下,百般抵赖,甚至提出以1万美元"私了"此事。关先生认为既然不承认侵权为什么还要私了?而私了又哪里像个全球跨国大财团的样子?

关东升在气愤之余,来到了成立3年的中国版权保护中心,希望在这里能够寻求一些专业的帮助。时任中国版权保护中心法律部主任的汤兆志接待了他。在了解了此次纠纷的基本情况后,汤兆志提出了版权法律的专业意见,一方面希望关东升坚定维权的决心和信心,另一方面让他着手收集各类证据,做好通过司法途径找回公道的准备。

2002年4月26日是世界知识产权日,关先生坚持先礼后兵的原则,派人再次致函道琼斯公司,提出如下三点严正声明:

第一,道琼斯必须承认非法利用了他的艺术作品;

第二,道琼斯必须为这种非法使用行为正式向他道歉;

第三,赔偿因这种非法使用行为造成的一切损失。

同时，提出了明确的赔偿参照标准，即过去侵权每年不低于5万美元（1995—2002年共8年），将来使用每年不得低于4万美元。

此外，他在中国版权保护中心和有关机构的建议下，向美方指出：中国和美国均为《巴黎公约》《伯尔尼公约》的成员国，两国均应遵循公约有关规定，受公约的调整。因此，根据《中华人民共和国著作权法》和美国版权法的有关规定和判例，索赔数额应当包括：（一）因侵犯著作权而造成的实际损失；（二）侵权人因侵权而获得的非法所得；（三）因侵权而给被害人造成的精神损害。3项赔偿数额不应低于200万美元。

索赔200万美元出之有据。在此之前，中国新东方学校未经授权译印了美国一家公司一本教材中的部分内容，被起诉侵权，美方索赔数额高达1000万美元之巨。道琼斯公司侵权范围之广、影响之大，较之新东方学校要严重得多。

可这回的努力再一次让关东升先生失望，道琼斯方面表现出的态度仍然是傲慢和拖沓，不愿正视问题的核心，仅仅是表示愿意在不承认侵权的前提下，以4万美元了结此事。

这是对中国作家尊严和版权制度的挑衅，关东升与汤兆志商议，决定通过诉讼解决问题。于是，在共同整理、收集有关证据后，关东升正式委托中国版权保护中心于2003年3月向北京市第一中级人民法院递交起诉状，状告道琼斯公司侵犯其著作权，要求其停止侵权行为，公开赔礼道歉，并赔偿各类损失费500万元人民币。

2003年9月22日，北京市第一中级人民法院经过审理，认定道琼斯公司构成侵权，依照《中华人民共和国著作权法》判决："被告道琼斯公司立即停止将原告书写的'道'字作品作为商业标识的侵权行为；被告道琼斯公司自本判决生效之日起三十日内，就其侵权行为向原告关东升书面赔礼道歉；被告道琼斯公司自本判决生效之日起十日内，赔偿原告关东升经济损失四十万零五千六百八十四元（我国著作权法规定的法定赔偿上限为五十万元）。"

判决下达后，关东升说："我们不侵权，我们也不能允许别人随便侵我们的权。判决是公正客观的，法院不仅维护了我个人的利益，更维护了中国知识产权的尊严，维护了国家公正保护知识产权的形象。本次诉讼只是适用中国法律，针对道琼斯公司在中国大陆的侵权行为，我将保留在中国大陆以外的国家和地区依法维护自己著作权的权利。"

此次案件的胜诉，成为中国版权保护中心帮助本国著作权人通过民事司法诉讼维护版权，并与海外知名机构打赢官司的成功范本，不仅让很多质疑中国人只会侵权的美国大佬们哑口无言，还通过全面专业的版权服务让中国著作权利人深刻地感受到我国知识产权事业的长足发展。事后，道琼斯公司执行了法院判决，而关先生则明确表示将法院判决的40万元赔偿款项一次性捐给有关机构用于知识产权保护事业。

三、王蒙等6作家诉世纪互联案
——版权公共服务机构推动版权立法

1999年6月15日，王蒙、张洁、张抗抗、张承志、毕淑敏、刘震云6位著名作家，委托中国版权保护中心，向北京市海淀区法院提起诉讼，状告由"世纪互联通讯技术有限公司"（http：//www.cenpok.net）主办的"北京在线"（http：//www.bol.com.cn）网站，未经许可将他们享有完全著作权的文学作品登载到网上，从而侵犯了他们的著作权，要求赔偿经济和精神损失。这是我国首起因网络站点刊登他人作品而引起的著作权纠纷，也是在我国《著作权法》尚未确定"信息网络传播权"之前，首起关于网络传播的著作权侵权诉讼。

由于网络时代来得太快，早在本案之前，社会上对类似以网络图书馆形式使用作家作品的版权问题已经开始了争论。中国版权保护中心与中国版权协会还就此专题专门召开过研讨会，予以研究。当时，社会上关于网络传播作品的意见大体可以分为两类，就连广大作家中也存在两种不同的声音。

第一种观点是：互联网能够起到超乎寻常的宣传作用，是谁也无法否认的。从短期看，作家是有经济损失，但从长远看，对提高作家名声，在世界范围内传播其作品是有巨大推动作用的。聪明的作家，恐怕还要请人来帮自己上网。法无明文不定罪，所以网络传播不仅不应加以限制，还应得到推崇和提倡。

另一种观点则认为：《著作权法》虽然没有对著作权人作品因网上传播受到的侵权损害作出相应明确的规定，但在论及"使用权"的时候，法律条文中所描述的"复制、播放、表演、展览等方式……"中的"等"字，应该涵盖了"网络传播"方式。

◇ 2008年11月21日，中国摄影著作权协会在北京召开成立大会。（国家版权局版权管理司 供）

很有趣的是，本案中6位作家反映了众多著作权人的诉求，世纪互联扮演了网络服务商代言人的角色。双方关注的不仅仅是官司的输赢，还包括此案引申出的法律的、社会的乃至文化的问题。事实上业界最关心的是此案将带来什么样的影响？作为本案的原告代理律师、时任中国版权保护中心法律部主任汤兆志曾这样讲：这场官司的意义不在于最终谁输谁赢，而在于可能通过此案推动和完善正在修改中的《著作权法》。法院已经受理本案，就意味着司法可能要走在立法前面了，也许法院的判决就会结束之前两种有关网上传播作品侵权与否的论战。

开庭时间确定后，原告代理律师汤兆志做了详尽的准备。在法庭辩论阶段，他义正词严地对己方的主张进行了说明：作品在国际互联网上传播时，应当尊重著作权人对其作品享有的专有使用权，并应取得相关作品著作权人的许可，否则无权对他人作品进行任何形式的传播使用。作品在互联网上进行传播，与著作权法意义上的将作品出版、发行、公开表演、播放等方式虽有不同之处，但本质上都是为实现作品向社会公众的传播使用，使公众网民了解到作品的内容。作品传播方式的不同，并不影响著作权人对其作品传播的控制权利。因此，世纪互联公司作为网络内容提供服务商，其在国际互联网上将6作家的作品进行传播，是一种明确无误的侵权行为。虽然，在互联网的其他网站上亦有涉及原告的作品在传播，但这与被告的行为是否构成侵权无关。同时，被告作为国际互联网内容提供服务商，其丰富网站内容的目的是吸引用户访问其网站，其做法属经营行为，在经营活动中是否盈利，只是衡量其经营业绩的标准之一，并不影响被告侵权行为的成立。因此，被告未经6作家许可，将其作品在其计算机系统上进行存储并上载到互联网上的行为，侵害了6作家对其作品享有的使用权和获得报酬权，被告于法于理都应承担侵权责任。

法院最终支持了原告的观点，于当年9月18日判决6作家胜诉，不仅判处世纪互联赔偿6作家26580元，还在判决书中明确指出：“《著作权法》第10条第5项关于作品使用方式的规定并没有穷尽其他使用方式存在的可能，世纪互联作为网络内容提供服务商，在网上传播6作家作品是一种未经著作权人许可的侵权行为，侵害了6作家的作品使用权和获得报酬权。”也就是说，法院认可了信息网络传播属于法在数字环境下对作者权利“扩充解释”的内容。

此后，世纪互联虽提出上诉，但北京市第一中级人民法院当庭宣布维持原判。至此，我国首例网络著作权诉讼有了最终的结果。值得注意的是，在二审开庭阶段，除了法官、当事人、代理律师外，北京市二十余位人大代表以及法院特邀监督员整整齐齐地落座于大法庭的第二排位置上，他们旁听见证的不仅是这个判决结果，而且关注着本案对著作权法修订起到怎样的加速作用。也正是由于此案的推动，1999年被定义为中国网络版权保护的开元之年。实践也证明了本案的意义和影响，2001年，第九届全国人民代表大会常务委员会正式通过了《关于修改〈中华人民共和国著作权法〉的决定》，在新修订的《著作权法》第10条第12款中规定了“信息网络传播权”的定义和概念。

第五章 气势恢宏的中国版权贸易

题记

改革开放三十多年来，我国图书版权贸易得到了长足发展，经历了贸易数量从无到有，贸易规模从小到大，参与的出版单位等贸易主体从少到多、从弱变强的发展历程。作为我国改革开放的产物，版权贸易不但为国内引进了许多优秀的图书、影视、音像等文化产品，丰富了国内文化市场和广大人民群众的精神文化需求，而且，引进了西方先进的经营管理理念和经验，当代中国人的文化消费理念也在一定程度上发生了改变，推动了文化的发展和社会的进步。与此同时，通过版权贸易，越来越多的中国原创作品的版权输出到国外，使国际社会能够更多地了解中华民族五千年的历史文化和当代中国的社会面貌，推动了中国文化"走出去"，让中国走向世界，让世界了解中国。版权贸易在加强我国对外文化交流、推动中华文化创新发展和"走出去"方面发挥着重要作用。

2009年10月13日,第六十一届法兰克福书展开幕。这个世界上最大规模、最享盛誉的书展,这个被誉为"世界出版人的奥运会"的国际性图书展览,这一次的主角是中国。

这次展示,对于中国的版权贸易而言,具有非同寻常的意义。作为法兰克福书展的主宾国,很多中国出版单位参加了此次书展,并积极开展版权贸易,努力推动优秀版权项目输出,加强与国际出版同行的交流,有力地推动了中国出版文化走向世界。用最具有说服力的数字来说话,中方在这次书展上先后举办出版文化交流活动612场,实现版权输出2417项,获得了巨大丰收,创下历史之最。有媒体评点说"中西方文化在交流中碰撞出了绚丽的火花",中国出版产业的成果在

◇ 2009年10月,中国作为主宾国参加法兰克福国际书展取得巨大成功。图为新闻出版总署副署长邬书林(右)在闭幕式上讲话,并向下届主宾国代表转交卷轴。(国家版权局办公厅 供)

此次书展中得到了充分的体现。

在改革开放初期，只有中国国际书店一家代表中国出版界参加法兰克福书展，其他国际书展上，中国出版界更是踪影全无。事实上，改革开放带来了中国出版产业的巨变与腾飞，并开启了中国图书"走出去"和"引进来"的大门。在法兰克福书展上的展示，只是一个缩影，对我国的版权贸易而言，它并非开始，也远非结束。

新闻出版总署2010年7月28日公布的《2009年全国新闻出版业分析报告》显示，2009年，全国共引进出版物版权13793种（其中，图书12914种，录音制品262种，录像制品124种，电子出版物86种，软件249种，电视节目155种，其他3种），共输出出版物版权4205种（其中，图书3103种，录音制品77种，电子出版物34种，电视节目988种，其他3种），版权贸易输出项与引进项比例是1:3.3。从这份报告中可以看出，我国对外版权贸易状况有所改善，"走出去"已经取得积极成效。

在2008年6月由国家版权局主办的"2008BIBF国际版权贸易研讨会"上，新闻出版总署署长、国家版权局局长柳斌杰作了题为《大力开展版权贸易，推动中国文化创新、发展、"走出去"》的主题报告。柳斌杰指出，版权贸易不是一个技术性问题，而是关系文化创新、发展、"走出去"的战略问题。

中国当前的版权贸易正是在这样的指导方针下进行的。

第一节｜对外合作出版：推进中外文化出版交流的有效途径

开展对外合作出版，这是20世纪80年代初，我国在尚未完成版权立法、也未参加国际版权组织和签定双边或多边版权协议的情况下，适当解决版权问题，推进中外文化出版交流的有效途径。当时与国外合作出版的大多是一些介绍中国风景的画册、中医药、武术气功及保健等方面的图书，版权贸易以输出为主。1981年10月12日，国务院批准下达的国家出版局《关于加强对外合作出版管理的暂行规定》，使对外合作出版更能符合我国国情和有序地进行。

这个时期比较重要的对外合作出版项目有：人民美术出版社与日本讲谈社合作出版的《中国之旅》（大型画册）、中国对外出版贸易总公司与澳大利亚威尔顿—哈代公司合作出版的《中国——长征》（大型画册）、文物出版社与日本平凡社合作出版的《中国石窟》（20卷）、中国美术全集编委会与比利时范登出版公司合作出版的《中国美术全集》（法文版60卷）、商务印书馆与英国牛津大学出版社合作出版的《精选英汉汉英词典》等。

◇ 2007 "中国图书对外推广计划" 专家答谢晚宴。（国家版权局版权管理司 供）

　　曾任新闻出版署署长的宋木文在他的《亲历出版30年》一书中，对我国积极开展对外合作出版的情况做了介绍。他特别提出，在许力以的策划与组织下，由中国出版工作者协会同英国培格曼出版公司签定合作协议，经邓小平批准和审定，在英国出版《邓小平文集》（英文版）；由中国大百科全书出版社同美国不列颠百科全书出版公司合作，在中国出版《简明不列颠百科全书》（中文10卷本）。这一举动不仅在处理书稿和版权内容问题上，更在对外扩大我国政治影响和对外文化交流上具有重要意义。

　　1988年4月，中华版权代理总公司的成立及其此后开展的工作，对促进中外出版交流与合作发挥了积极作用。

　　在发展版权贸易中，我们国家也一直强调，要介绍引进国外先进科学技术和管理经验的书刊。二十多年来，我国引进了一大批反映当代经济、文化和科技发展状况、符合中国市场需求的图书，特别是财经、科技、电子、计算机、语言等方面的图书。同时，向世界各国各地区推出了一大批反映中国历史悠久文化以及改革开放中国社会全面进步的作品。

◇　1993年，安徽黄山版权贸易洽谈会成功举办。（国家版权局版权管理司 供）

第二节 | 熊猫丛书：开中国当代文学走向世界之先河

20世纪70年代末到80年代初，我国改革开放的初始阶段，中国的大门刚刚对外开启。中国对于世界其他国家还是神秘的、遥远的，各国的人们都希望了解中国。国外的出版代表团一批一批地来到中国，他们希望引进一些中国的图书以满足国外读者的需要。

然而当时我国的图书设计和印制质量都达不到国外市场的要求，因此国外的出版商希望挑选一些选题在国外出版。可当时中国既没有颁布著作权法，更没有加入国际著作权公约组织，因此中国的作品在国外得不到法律的保护。出版商倘若出版了不受法律保护的作品，将有很大的风险。为了满足市场的需要，抓住商机，同时避开风险，合作出版应运而生。中方与外方出版社合作出版中国的图书，著作权归双方共有。由于外方的权利可以得到国际著作权公约的保护，其他人不能擅自出版受保护的作品，出版商的权益就有了保障。这种为了寻求国际保护的合作出版模式就是中国最初的版权贸易。

20世纪80年代初，创刊于1951年的《中国文学》杂志，已发行至全世界一百多个国家和地区，杂志社也逐渐发展成一家专门对外介绍中国文学艺术的出版社。在中国著名文学翻译家、中国翻译协会"翻译文化终身成就奖"获得者杨宪益的倡议下，这家出版社推出了英、法、德等多种文版的"熊猫丛书"。这套书聘请资深专家翻译而成，并且以国宝熊猫为标记。丛书主要用英、法两种文字出版中国当代、现代和古代的优秀作品，也出版了少量的德、日等文版"熊猫丛书"。一经推出，立即受到国外读者的广泛欢迎和好评，多次重印或再版。自1981年以来，"熊猫丛书"发行到150多个国家和地区，有190多种，既有《聊斋志异》、《老残游记》等古典文学作品，也有《边城》、《芙蓉镇》等现当代作品，王蒙、刘绍棠、张洁、张贤亮、邓友梅、冯骥才、贾平凹、刘恒、梁晓声、凌力、霍达、周大新、池莉、方方等数十位优秀作家的作品被结集收入到"熊猫丛书"中。该套丛书为西方读者了解中国现当代文学，进而了解中国打开了一扇窗口。经过多年的累积，该丛书长期在国外拥有较大市场影响，具有较高的品牌认知度。由于这套丛书深受外国读者的好评，中国作协也经常将"熊猫丛书"赠与来访的国外作家。遗憾的是，《中国文学》杂志连同出版社一起受到经济大潮冲击，从文化市场上退出，成为中国文学译介历史上的一道远逝的风景。从某种意义上说，"熊猫丛书"的确弥补了西方对中国当代文学的了解空白，打开了中国当代文学走向世界的窗口。

第三节 |《未来之路》：中美知识产权保护的范本

　　1995年，微软帝国的缔造者比尔·盖茨撰写了一本在当时轰动一时的书——《未来之路》，他在这本276页的书中预测了微软乃至整个科技产业未来的走势。此书一经面世，即在美国大获成功，发行第一周即售出80万册。据悉，该书的中、日、韩等亚洲语言文字与德、法等欧洲语言文字的翻译出版发行权几乎是同时售出的。90天之后，经比尔·盖茨授权许可的《未来之路》中译本由北京大学出版社出版，随即旋风般地畅销于京、津、沪、穗等全国大中城市，2个月内多次印刷，发行40万册。《未来之路》带给国人一个强烈的信息：网络正在成为当代文明的巨大载体，由此引发的革命性冲击直逼而来。该书中文版译者辜正坤博士在译本后记中充满激情地写道："人类文明史上的另一场惊天动地的技术大革命就要开始了。我们将兀立在东方的地平线上，翘首以待天际喷薄欲出的朝阳。"《未来之路》中译本的及时出版，受到海内外人士的一致赞誉，被认为是中美知识产权贸易成功的典范。

　　2000年，在回顾当年《未来之路》的版权引进时，北京大学出版社总编辑王明舟曾表示，早在第五届北京国际图书博览会期间，北京大学出版社得知比尔·盖茨创作此书的打算后，便敏锐地意识到，该书将具有很强的技术前瞻性，它涉及当代社会的巨大变革，将对信息产业的发展产生直接影响。他们立即着手同美国微软公司联系。

　　1996年，《未来之路》中文版由北京大学出版社引进出版。北京大学出版社遵循国际图书市场惯例，以总码洋的10%作版税并预付5万美元订金购得《未来之路》中文简体字本的翻译出版及其在大陆的发行权。接下来市场和读者的反响证明了北京大学出版社的独到眼光。这次版权引进本身也成了经典。1999年，中国历史博物馆将北京大学出版社与微软公司签定此书的协议书原本，作为中美知识产权保护的样本收藏于馆内。

第四节 | "新概念英语"：版权引进的"马拉松"

　　"20世纪90年代，全国掀起学英语热，但是相关方面的教材非常少，外语教学与研究出版社舍得花重金购买重大项目版权，注重对作品的定期修订、重新整合，市场口碑逐步树立。为了引进《新概念英语》，外语教学与研究出版社前后花了8年时间。"该社社长于春迟这样说。

　　1990年，外语教学与研究出版社的李朋义敏锐地捕捉到英语热的商机，第一次向朗文公司申请引进《新概念英语》版权。此时该书已在全球不少国家得到英语学习者的认可和追捧，然而由于外语教学与研究出版社实力尚弱，申请未被批准。1992年，中国加入世界版权公约和伯尔尼公约组织，而李朋义也恰恰在这一年出任外语教学与研究出版社社长，他再次提出引进《新概念英语》版权的申请。到1995年，外语教学与研究出版社已成长为外语图书出版的实力大社，李朋义多次拜会朗文亚洲董事长沈维贤先生，提出了修订《新概念英语》的新设想，并通过朗文亚洲公司

◇ 高等教育出版社《体验汉语》教学资源输出泰国签约仪式。（国家版权局版权管理司 供）

力邀《新概念英语》的著作权人亚历山大先生来华考察，进行学术访问。中国学生的热情和李朋义的执着感染了路易·亚历山大，他欣然应允。

同年11月，亚历山大来中国访问，临别时他留给李朋义的一句话是，他期待再次来中国参加新版《新概念英语》的首发式。数月后，李朋义飞赴英伦登门组稿。亚历山大应允为中国读者修订《新概念英语》，并接受建议，从李朋义推荐的诸多中方学者中，选择了曾给他留下良好印象的何其莘教授作为《新概念英语》（新版）的合作者。随之，外语教学与研究出版社与朗文亚洲出版公司分别指定先后两批资深编辑出任该书责任编辑，从一开始便参与投入了修订工作。终于在不到两年的时间内，外语教学与研究出版社与朗文亚洲顺利联合出版了这套8册的《新概念英语》（新版）教材与教师用书。

8年的历程，终于让《新概念英语》成为名副其实的"新概念"英语——"中国人"的英语。外语教学与研究出版社为《新概念英语》等知名产品的营销，探索出"高投入、大产出"的模式，从新版《新概念英语》出版的那一年开始，就开始在各大媒体刊登大幅广告，进行高密度的市场宣传。巨大的投入为《新概念英语》系列图书的持续热销起到关键作用。

事隔多年，亚历山大夫人回忆这次"历时虽然漫长，但合作特别默契"的版权交易，依然历历在目："1981年，由中国政府和路易的出版商朗文公司（现已成为培生教育出版集团的一部分）资助，我们第一次来到中国。之后的15年，中国的出版社从朗文那里买进了很多的版权，《新概念英语》也是在那个时候来到中国。90年代早期，路易和朗文开始与外语教学与研究出版社的李朋义先生进行接触和探讨，李先生希望出版新版《新概念英语》。路易非常善于交朋友，他非常忠诚，非常真挚，而李朋义先生也是这样的一个人，他们多次在中国和伦敦会晤，双方建立起了相互尊敬、相互信任的牢固友谊，他们信任对方有能力把事情办好。"1997年，花费两年时间改编的新版《新概念英语》完成，这套教材的图书、音像制品一面市即引起轰动，至今仍每年为外语教学与研究出版社创造上亿的销售码洋。

第五节 | 《哈利·波特》：落地生根

　　《哈利·波特》在中国内地的畅销已经是有目共睹。然而似乎已经很少有人意识到当初人民文学出版社决定引进《哈利·波特》版权之时所面临的险峻、困境和尴尬。

　　自1999年起，人民文学出版社的经营思路逐步进行了调整，在坚持挺拔文学主业的基础之上，向与文学相关相近的领域扩展，建立了少儿、教辅等产品线。特别是少儿文学读物，人民文学出版社下了大决心要去开发，因为他们认为：少儿文学应当是文学出版的题中应有之义，为此，人民文学出版社专门成立少儿读物编辑室，第一项工作就是负责引进、出版《哈利·波特》。刚开始的时候，就碰到了同行出版社异常激烈的版权之争。和其他几家出版社一样，人民文学出版社决定引进《哈利·波特》中文简体字版权，一开始是在比较保密状态下进行的，目的都是为了减少竞争对手。然而，应了一句"没有不透风的墙"这句俗话，《哈利·波特》版权争夺"激战正酣"。有7家很有竞争力的出版社在同时争夺《哈利·波特》中文简体字版权。经过多番努力，版权终于花落人民文学出版社。

　　然而，人民文学出版社面临如下尴尬：魔法、巫师、悬疑、幻想是西方儿童文学的传统，而中国的孩子和家长习惯上喜欢的是知识性、学习性的读物。中文版《哈利·波特》有可能面临严重的"水土不服"症状，而该书在国外的巨大成功对人民文学出版社也形成了一种巨大压力。需要人民文学出版社"说服、打动"图书经销商、少儿家长。人民文学出版社设计了三条广告词：一是"哈利·波特——跳出书包的小魔法师"，告诉给少年儿童和家长们的信息是：故事将"跳出书包"，故事是魔法童话，好看；二是"哈利·波特——我们身边的小骑士"，告诉给少年儿童和家长们的信息是：这是关于勇敢和惊险的故事，有益；三是"哈利·波特——世界儿童的好朋友"，告诉给少年儿童和家长们的信息是：全世界儿童都在看《哈利·波特》，你是不是也该看一看呢？

时任人民文学出版社社长的聂震宁认为："图书批销商无异于出版人神经和血管的延伸。"为了向经销商传递《哈利·波特》"有可能火"的信息，人民文学出版社选择了几家对图书批销业比较有影响的报纸，加大宣传力度。特别是：由发行业务员通过电话提醒一些重要经销商注意阅读有关报道，因为这些报道是图书批销商建立进货信心的重要客观依据。在最关键的招商环节，人民文学出版社面临着一个"双刃剑"的艰难选择：为了《哈利·波特》一本书，让全国各地的经销商放下手头的生意，千里迢迢奔赴北京，费用自理。如果他们对《哈利·波特》缺乏足够的了解和信心，与会者甚少，怎么办？大家都捏着一把汗。结果是，为了一本书，百忙中的经销商几乎是从全国各地同一时间飞抵北京。在订货会上，人民文学出版社全面报告了此书的营销计划，包括后续宣传计划、首次印数、装帧设计方案等内容，既听取经销商的意见，也增强他们的合作信心。另一个最重要的议题是，要求每一个经销商、每一家订货书店必须拿出一个完整的书面的促销策划方案，再由人民文学出版社给予全力的配合、支持。经销商讨论得十分热烈：有的策划电视专题；有的主张小说连载；有的钟情广播电台；有的推荐评论文章；有的甚至想制造一个悬念……有人说宣传的重点应放在孩子身上，孩子闹着要买，家长一定会买；有人说宣传的重点应放在家长身上，家长知道是好书，一定会给孩子买……

　　"在后来的实际销售过程中，这些策划方案对图书的销售起到了举足轻重的作用。"人民文学出版社策划部孙主任回顾，"以往书店有营销的意识，但缺少出版社资料、技术、资金等方面的合作和支持；而出版社对图书的策划往往也是单独做的多，致力于社店联合营销的少。"

　　此次人民文学出版社请全国书店共同参与策划促销，社店合作策划、执行，将一个"局部战争"演变为一场"全民战争"，而只有"全民作战"才可形成"燎原烈火"。他们后来在许多城市开展的《哈利·波特》促销活动，大都是这些批发商具体操办的。

通过对《哈利·波特》的深度促销，其主要内涵得到了中国式的阐发，这部具有国际影响的图书终于进入了我国文化、教育的重要读物行列。

◇ 2009年7月3日，新闻出版总署署长、国家版权局局长柳斌杰（右）会见世界知识产权组织总干事弗朗西斯·加利 。（赖名芳 摄）

第六节 ｜《谁动了我的奶酪》：让人跌破眼镜的项目

　　2001年最为火爆的畅销书当属《谁动了我的奶酪》。有趣的是，在中信出版社出版之前，这本书至少在五六家出版社和书商手里经过，都一致地不被看好。最后，《谁动了我的奶酪》（以下简称《奶酪》）花落中信出版社，在2001年9月出版，2001年11月，在北京开卷图书市场研究所非文学畅销书排行榜位列第一，后连续4个月名列榜首。

　　《奶酪》并不是本新书，它1998年就在美国出版了。出中文版之前已经在全世界销售了1200万册，居美国非小说类畅销书排行榜第一名的位置达一年多。但是就是这样一本书，当版权公司将其推荐给国内6家出版社及多个书商时，却没有人接这

◇ 2010年5月，中纪委驻新闻出版总署纪检组组长宋明昌（左四）在华沙书展上与工作人员交谈。（国家版权局办公厅 供）

块"奶酪"。不看好的原因大多是：第一，认为这本书内容太简单，随便拿一个中国寓言故事也不比它差；第二，此书内容不符合中国国情；第三，书太薄，定价太低，利润不高。而事实上，该书作者斯宾塞·约翰逊最初也并不想授权，据说因为台湾地区的《奶酪》没有做好，精装版做得较差，由此对整个华语市场都丧失信心，不想拓展。

然而，《奶酪》的中文简体字本策划者北京读书人公司却有着截然不同的判断，他们从所搜集到的海外畅销书排行榜信息中看上了这本书。他们觉得《奶酪》把住了时代的脉搏——变化和应对变化。它满足了人们的紧迫需求，由科学技术的进步带来的变化已经深入到社会生活的各个层面，也成为时代的基本精神和首要特征，应对变化成为当务之急，它其实非常适合当时中国国情。另外，《奶酪》适用于不同的读者群体和层次。所以他们相信这样一本国际畅销书如果成功地本土化，会抓住读者的心，同样会形成热点和畅销。因此，他们做出了与同行不同的决定：引进出版这本书。

由于不知道版权由哪家公司代理，他们直接找到国外登载《谁动了我的奶酪》的网站，找到跟作者联系的email地址，发过去了他们的策划思路。写了几次之后，网站就将信转给了相关的代理公司。当代理公司深切地了解他们的思路和能力后，欣然同意了授权。

◇ 2008年6月，2008BIBF北京国际版权贸易研讨会在北京召开。（国家版权局版权管理司 供）

据了解，该书起印5万册其实是一种冒险。有很多书店比如上海等一些大城市的书店要到书后却没有信心，赶着要退货，退到半路却又打消了念头。因为这时市场上已经自发出现了一股疯狂的"奶酪"热。

对于该书的"意外"成功，中信出版社社长王斌后来在接受媒体采访时说，过去中国是精英阅读的天下，读书人都是很高深莫测的，现在则是大众阅读的时代。大众阅读，这是畅销书时代的核心。该书从内容到包装都比较符合大众阅读的习惯。而业内人士则更具体地解读该书的"畅销之谜"：中央电视台著名的财经节目《对话》组织了国内顶级CEO们对此书进行了相关讨论，无疑相当于做了一个效果非常明显而直接的广告。此后，该书掀起了企业团购的热潮。2001年是变化迅速的一年，亲身经历着变化的人们不免有着各种焦虑和彷徨，以讲述如何面对变化为主题的《谁动了我的奶酪》正是应对如此病症的一副良药。"全球第一畅销书"的美誉短时间内吸引了大众的眼球，知名度迅速提高。另外，众多世界知名企业以该书的理念指导员工的工作和生活的事实使得不少中国本土企业进行效仿。再者，该书寓言式的小故事通俗易懂且耐人寻味，在众多形式相对非常单一的心理自助类图书中，其形式本身就构成了一个卖点。

第六章 迅速崛起的中国版权产业

题记

在2006年召开的首届国际版权论坛上，版权产业被冠以这样的定义："与复制、发行、传播文学、艺术和科学作品有关的行业和收集、储存与提供信息的信息产业。"以智力成果为核心资源的版权产业近年来发展迅猛，文学艺术、信息传播、广播影视、文化娱乐、信息网络、计算机软件等产业的发展速度远远超出了传统制造业。不但形成了一定规模的新产业群，还带动了传统产业的升级、改造，大大促进了生产力的发展，对于推进经济不断增长贡献越来越大。据世界知识产权组织的估计，无论在发达国家还是在发展中国家，版权产业占国内生产总值（GDP）的份额大约在3%—6%之间。在我国，由于对版权进行了有效利用和保护，不仅实现了企业效益的大幅度提高，还带动了区域经济的发展。

版权产业，在公众的心目中似乎还并不是一个耳熟能详的词汇。在"百度百科"中，甚至并没有收录它的确切含义。随着时代的发展，版权产业的构成早已经超出了文化产业的范畴，覆盖至以智力成果为核心资源的文学艺术、信息传播、广播影视、文化娱乐、信息网络、计算机软件等产业。由世界知识产权组织(WIPO)界定的4种版权产业分类包括核心版权产业、相互依存版权产业、部分版权产业和非专用支持产业。其核心内涵囊括了知识密集和技术密集的新兴服务业，并向诸多传统产业渗透。

近年来，版权产业的发展速度远远超出了传统制造业，不但形成了一定规模的新产业群，还带动了传统产业的升级、改造，大大促进了生产力的发展，对于推进经济不断增长贡献越来越大。据世界知识产权组织的调查显示，无论在发达国家还是在发展中国家，各国版权相关产业的发展速度已远远高出其他产业的发展，其增长率几乎是其国民经济增长率的一倍左右。如2005年美国全部版权产业产值1.38万亿美元（占当年美国GDP的11.12%），核心版权产业产值8190.6亿美元（占GDP的6.56%）；2005年核心版权产业的就业人数达到538.04万人（占美国当年就业人口的4.03%）。在英国，2002年版权产业产值超过530亿英镑，占GDP的8%。版权产业成为实现经济可持续增长和产业结构优化发展的领航产业，加快发展版权产业，已经逐步引起众多的国家和社会各界的关注和重视。

中国经过了30年的改革开放，在发展市场经济的过程中，版权产业也迅速地得到了发展，有的已经具有了相当的规模和实力。据国家版权局与世界知识产权组织合作开展的《中国版权相关产业的经济贡献调研》结果显示，2006年，中国版权产业占全国GDP的6.4%，就业率占全国总就业人口的5.8%；版权产品出口值占全国出口总值的14.4%。这充分说明了版权在创造财富、促进经济社会发展中的重要作用。

2008年10月27日，新闻出版总署署长、国家版权局局长柳斌杰在"2008国际版权论坛"上表示，"从整体上看，中国版权产业仍然是处在起步、探索、培育和发展的初级阶段，与发达国家的版权产业相比，还有很大的差距。版权资源在经济领域还没有得到充分地利用，市场机制还不够完善，发展速度和效益都需要有一个较大的提高。"但是，30年的改革开放和经济发展，民主法制逐步完善，文化产业更加繁荣，建设创新型的国家战略目标已经确定，这都为中国版权产业的健康发展提供了良好的基础和条件。

2010年7月9日，柳斌杰在会见世界知识产权组织助理总干事特雷沃尔·C.克拉克一行时表示，由于中国政府坚持不懈地加强版权保护，市场环境不断改善，中国版权产业为国民经济发展作出了重要贡献。由于对版权进行了有效利用和保护，不仅实现了企业效益的大幅度提高，还带动了区域经济的发展。

第一节 | 海尔模式：版权保护推动企业创新

说到我国版权产业的发展，不能不提到海尔。

26年前，当海尔从德国引进第一条冰箱生产线时，除去购买生产设备的费用之外，还为包括商标、专利、外观设计在内的种种"附加要素"支付了一笔金额不菲的费用。这笔费用折合到每台冰箱中，大约是2马克。当时还是"青岛电冰箱总厂"厂长的张瑞敏在为这笔"知识产权费"买单的时候，包括他自己在内的海尔人，都还不太明白"知识产权"究竟为何物，更不知道，"版权"对于一家家电企业而言，究竟意味着什么。

2006年10月，海尔总裁杨绵绵从国家版权局副局长阎晓宏手中接过"国家版权保护示范企业"牌匾，海尔成为我国首家版权保护示范单位的家电企业。版权，以

◇ 2010年1月27日，新闻出版总署党组副书记、副署长蒋建国(右一)考察石家庄图书大厦。(国家版权局办公厅 供)

一种前所未有的形式，与我国的著名家电企业发生关联，引起了社会的强烈反响。"以版权保护推动企业创新，这体现了海尔的远见卓识。"在授牌仪式上，阎晓宏这样评价海尔的版权保护工作。

的确，如今的海尔，早已深谙当初"2马克"的意义。生产线是有形的，版权却是无形的。有形财产的积累，往往靠无形财产来推动。今天的海尔，将版权保护纳入知识产权和企业的发展战略，用自主创新和版权保护作为企业发展的两翼，在世界舞台上书写着自己的传奇。

一、版权保护：发展的矛与盾

对于企业来说，自主知识产权保护主要依靠商标、专利。而"版权"这个概念，长期以来一直被认为与工业企业并无关联。

苏效玺，海尔法律事业部主任。这个已经在海尔工作了16年的老员工，也是亲身参与实施海尔知识产权战略的重要人物，谈起几年前的一次案例，他至今记忆犹新。

2001年的一天，苏效玺一到办公室就接到市场部打来的电话："我们的冰箱外观设计被人盗用了！"这是一款海尔新推出的带有电脑液晶显示的冰箱。虽然实现电脑

◇ 2007年6月，新闻出版总署副署长、国家版权局副局长阎晓宏（前左一）向杭州市副市长陈小平授予国家版权保护示范城市牌匾。（国家版权局版权管理司 供）

液晶显示功能的技术手段并不是唯一，但海尔率先将显示条设计在位于冰箱上方的位置，并且与产品整体色彩、其他环节配合相得益彰，受到消费者喜爱，此款冰箱一上市，前两个月销量都达到万台左右。然而3个月以后，销售商开始反映：其他品牌类似外观产品开始出现，销量受到很大冲击！遭受侵权，多数企业最先想到的是诉诸法律。然而在我国，外观专利从申请到获得授权需要大约9个月左右时间，这一期间无法以侵犯专利权进行起诉。专利还未获得，维权自然无从谈起，而市场部的电话一天天追问着维权行动的进展，市场上的被侵权现象越来越严重，这让身为法律部负责人的苏效玺一筹莫展。是否只能坐等到专利获得后再来追讨侵权企业的责任？坐视这些侵权行为，损失的销售额和品牌形象如何弥补？为此，法律部开始多方咨询专家和律师，抱着试试看的心理，海尔法务人员走进了青岛市版权局。经过版权局有关负责人的讲解和指导，他们将此款冰箱的外观设计作为美术作品进行了版权登记，然后通过行政手段和法律交涉，很快成功解决了困扰一时的侵权难题。

有了版权保护伞，类似问题迎刃而解。不仅如此，在版权局的建议和启发下，他们意识到：版权不仅仅是保护伞，更是出奇制胜的武器。当企业遭遇侵权，除去高昂的诉讼成本外，更大的损失往往在于企业自身的商誉和市场份额。2003年，海尔推出一款带有"来电防火墙"功能的手机。这一人性化的新功能迅速得到消费者的认可，而"防火墙"这个原本运用于IT领域的名词，因为其形象而确切的表述，成为一个新名词流行开来。按照惯例，海尔对这项技术方案采用了专利保护。与此同时，考虑到以往的经验，为弥补专利申请费用高、周期长的弊端，他们在青岛市版权局的指导下，将"来电防火墙"的宣传资料、产品说明，分别作为美术、文字作品进行了版权登记。

果不其然，产品问世仅仅一个月后，就有其他手机品牌在推广、说明文字中也用到了"来电防火墙"的字样。因为进行过版权登记，问题处理变得简单：青岛市版权局帮助海尔对发生在本地的侵权行为进行了查处，同时海尔也向外地侵权厂家发出了附有作品登记证书的律师函。几乎所有生产商在收到律师函后都主动停止了侵权——几乎没有花费维权成本，就成功阻止了侵权。而由于类似产品不得不规避"防火墙"的提法，在市场竞争中，海尔成功抢占了先机。

"知识产权是什么？它既是'矛'，又是'盾'。做'矛'可以进攻，做'盾'可以防守。""版权不仅仅是作为一种保护，更多的是对侵权企业的进攻。"海尔集团副总裁喻子达这样阐释海尔的知识产权观。

二、未雨绸缪：沉着应对海外竞争对手

2005年，青岛海尔集团在德国的侵权诉讼案中一审胜诉，德国通讯公司针对海尔的全部侵权诉讼被驳回。而此前，在中国企业遭受的类似的案件中，许多企业在夺回权利的同时也付出了高昂的代价，更多的企业"赔了夫人又折兵"，眼睁睁地被国外竞争对手挡在当地市场之外。人们不禁提出这样的问题：同样的市场，同样的竞争对手，同样的问题，海尔为什么可以轻松胜诉？

法院公正判决的背后，显示的是海尔应对国际知识产权纠纷的老到与从容。从德国公司挑起事端到海尔一审胜诉，前后只用了7个月的时间，而通常情况下，这类程序复杂的诉讼要拖上两年左右。此前，海尔还从国内5家公司及欧洲某公司获得了总计数百万元的知识产权赔偿费。

也许意识到知识产权需要保护的企业不止海尔一个，但为什么海尔去做了，也做到了？当许多企业还在为商标被抢注、外观被仿冒等头疼不已的时候，海尔已经有意识、全方位地利用起了版权武器：将企业形象标识、产品照、产品包装、广告语、具有商标要素的标识、视觉、形象标识、产品说明书及其周边产品等隐形资源进行保护。对外，海尔定牌生产或是委托开发的作品、产品，涉及到的具有版权属性的各类信息，均通过实施合同审核以及版权的购买与转让，将企业技术层面的无形资产以法律形式确定下来。对内，利用劳动用工合同对员工职务作品知识产权权属以及相关技术保密进行明确约定，从而将企业整体技术发展纳入闭环防范领域内，直接为企业进行各类反不正当竞争提供法律保障。也正是基于这层"氧气袋和防寒服"，海尔方能沉着应对来自国外企业的"知识产权"问题的种种发难，确保了海尔全球化战略的实施。利用版权战略不断提高自主创新能力，厚积然后薄发。海尔就是这样一个志高千里且又能始于足下的"先行者"。

三、版权拓展：做第一个吃螃蟹的人

当版权保护的盔甲日渐坚牢，海尔再次动起了脑筋：如何继续挖掘拓展版权、利用版权进行品牌推广？

在海尔集团中心大楼前，仁立着一座雕像：一个黄头发白皮肤、一个黑头发黄皮肤，两个依偎在一起的小男孩，对每个路人微笑着竖起大拇指——这是海尔的品牌形象，也是许多消费者对"海尔"留下的深刻印象。仿佛只是个简单的商标图案，对海尔而言意义却远不止这些。一向非常重视延伸海尔企业文化的海尔集团CEO张瑞敏，试图尝试通过自己的企业形象投资于老少咸宜的动画片艺术市场。为此，他曾两次尝试委托有关动画片厂商进行制作，但由于故事情节和拍摄效果都不理想，张瑞敏一度放弃了拍摄动画片的打算。

在版权局有关负责人的启发下，海尔将商标等带有版权属性的标识进行重新定位，他们意识到：商标自创作完成后便先天具备了版权保护范围中美术作品的属性。挖掘自身具有版权属性的无形资产，加以"二次利用"，将有可能收益无穷。

经过深思熟虑，海尔再次拿起了"吃螃蟹"的筷子。20世纪90年代末，两个活泼可爱的小男孩开始活跃在电视屏幕上，这个名为《海尔兄弟》的寓教于乐的动画片迅速成为电视台热播的系列节目。"《海尔兄弟》系列动画片由我们授权，由北京一家公

司制作完成，海尔总投入超过3000万元，但并不参与收益分成。"苏效玺告诉记者。事实上，海尔兄弟虽然并未给海尔带来直接经济效益，间接效果却是惊人的。2001年的"六一"国际儿童节前夕，耗时8年、由海尔集团和北京某公司共同投资数千万元制作的中国最长的动画片——212集的《海尔兄弟》封镜。目前这部动画片已被制作成光盘在全国销售，在国际市场亦获得了未曾预料的热烈反响。

"一部动画片很可能会影响一代人，看过《海尔兄弟》的人在潜移默化中就会认可海尔。"有专家这样说。《海尔兄弟》为海尔集团带来了巨大的社会效益和经济效益：扩大了企业的知名度，既获得利润，又在商标权基础上，深入挖掘拓展版权，此基础上形成了新的可利用的知识产权，进而实现了"商标——版权——版权贸易——利润"的转化。

每个走进海尔工业园区的人，都会注意到在一处显著位置上写有这样一句话："海尔是海。"这片海，正是因为汇聚了无数水滴而澎湃。"水无形，但却无坚不摧。"国家版权局副局长阎晓宏的这个比喻，或许是海尔版权战略的真实写照。

◇ 2005年4月，深圳大芬油画村被授予"版权兴业示范基地"称号。（广东省版权局 供）

第二节 | 南通家纺道路：版权激活产业价值链

　　江苏省南通市位于长江入海口，是我国近代轻纺工业的发源地，素有江海明珠、中国近代工业第一城的美誉。全中国家纺产品的一半以上出自南通通州川港镇志浩市场和与志浩市场紧邻的海门三星镇叠石桥市场。两个市场，互为链接，一个卖面料，一个卖成品，共占地面积70万平方米，拥有5000多家经营户，年成交额达300多亿元人民币，目前已发展成为我国最大的家纺基地，也是继美国纽约第五大道和德国法兰克福后的世界第三大家纺中心。除了在家纺行业的突出地位之外，南通对于我国版权产业而言，也是个不能忽略的名字。它被媒体称作"一个版权制度推动经济的经典文本"，被国家版权局命名为"全国版权保护示范单位"，被世界知识产权组织列为著作权保护调研点，曾荣获"世界知识产权组织版权创意金奖"。2010年7月9日，国家版权局和世界知识产权组织正式在北京发布了《加强版权保护对中国南通家纺产业发展的影响调研报告》，这一报告的英文版也将由世界知识产权组织向全世界推广。南通，因为对版权产业的突出贡献，吸引了来自全世界的目光。

◇ 2009年3月26日，中国国家版权局和世界知识产权组织在南通联合召开"世界知识产权组织版权保护优秀案例示范点调研项目专家会议暨合作协议签约仪式"。（国家版权局版权管理司 供）

一、从相互模仿到保护版权

20世纪70年代初，一批商品意识萌动的农民为了"躲避割资本主义尾巴"开始活跃于南通的通州和海门两个县级市交界处，做些绣花枕套、床单被面之类的小生意。20世纪80年代，改革开放催生了市场经济的大潮。到了90年代，当地党委、政府因势利导、大力开展招商引资活动，引来了一批外地客商。

1996年，台湾东帝兴公司林氏兄弟俩从台湾带来了一百多个美丽、新潮的花型，一个月就赚了几千万元，在志浩市场引起极大的轰动。当地农民布商们纷纷模仿盗版、照葫芦画瓢，你印什么花型，我仿什么花型；你卖一元一米，我卖八毛三尺，市场一片混乱。林氏兄弟生意一落千丈，心急如焚。他们出示在台湾注册登记的版权证明，但当地农民布商却不认账："什么版权不版权，我们不知道，在这儿不管用。"林氏兄弟茫然无措，在新闻单位记者的指点下，投诉到刚刚成立不久的南通市版权管理部门。

南通市版权管理部门的工作人员敏锐地意识到，印花布上的花型图案是美术作品，应该得到著作权保护。为此，他们特地召开了由版权管理部门、公安部门、工商部门、川港镇政府及志浩市场负责人等多方参加的专题联席会议。就在这次会上，志浩市场负责人明确表示不理解："印花布上的图案怎么也有版权，还要有法律保护？保护台湾东帝兴公司的利益这不是保护少数人的利益吗？市场还怎么发展？"会议不欢而散。

联席会议后，版权管理部门联合公安、工商、川港镇政府等部门前往通州川港镇志浩市场开展联合检查。联合执法队开进市场，查缴侵权产品，遭到几百个经营户的集体抵制。虽然处理了几家盗版的小企业，商户的心里却并不买账。严峻的现实，使南通市版权管理部门的同志醒悟到，在志浩农民市场进行版权保护工作，关键在于转变观念。于是，他们印制了大量的著作权宣传品，开办著作权法培训班，使得广大经营户对版权保护有了新的认识：保护台湾地区的印花布图案著作权，从局部看是保护了一家的利益，但从全局看是保护了创新，保护了整个市场。志浩市场的负责人和一些聪明的农民商人开始思考：台湾东帝兴公司能开发花型并用著作权法来保护，我们为什么不能？ 1997年3月，全国第一家镇村一级的版权管理基层组织——通州市志浩市场版权管理办公室诞生了。5年后，受志浩市场版权保护成功实践的启示，相邻的海门市三星镇党委、政府也主动将版权管理引入自己的叠石桥床上用品市场。于是，全国第二家镇村一级的版权管理基层组织——海门市三星镇叠石桥市场版权管理办公室也应运而生。

二、版权保护加速市场拓展

10年中，南通版权管理部门在家纺市场举办了近百场著作权法律法规讲座，印发近万份著作权保护宣传品，与几千户经营者签定了责任状，邀请人民法院知识产权庭现场审案，组织著作权知识大赛等等。如今，版权保护意识在此已深入人心。10年来，仅志浩市场，版权管理执法部门就查封侵权布近300万米，调解纠纷1039起，赔偿著作权人损失400多万元，挽回经济损失8.5亿元。12年来，南通市登记印花、绣花美术作品18000余件，调解、查处版权纠纷1800余起，司法处理侵权案件403起，涉案金额2900万元，为权利人争取到经济赔偿1168万元，挽回权利人经济损失近10亿元，有力维护了权利人利益，受到权利人的广泛好评。

为鼓励创新，1997年8月，志浩市场在《中国纺织品美术》杂志上刊登广告，在全国范围内招聘设计人员，成立了全国第一家农民美术图案研究设计所。经过10年的发展，这里围绕市场开发花型的民营花型设计所（室）达50多家，每年推出数千种新花型。两大市场还成功举办了三次全国性美术图案展示会，一批作品获全国大奖。海门三星镇叠石桥村卓泰家纺研发中心，已发展成拥有上百名来自清华大学、鲁迅美术学院、中国美院的各类专业设计人才的团队。仅2006年，公司就有1096个作品问世，设计产值高达6千万元人民币。他们在美国纽约第五大道常年设有展示厅，在十多个国家设立了销售点。是版权保护加速了南通家纺市场的发展和繁荣。1996年，市场上只有100多个花型；2006年就发展到两万多个新花型，开始领导全国印花布花型新潮流。

袁氏四兄弟创立的金太阳布艺有限公司在志浩市场创建初期堪称盗版大户，现在已成当地开发新花型的大户。他们还在美国最大的家纺交易中心纽约第五大道成功创办分公司。目前，该公司拥有自己的设计人员60多名，每年不断推出拥有自己版权的新花型满足中外市场的需求。在多年的家纺营销实战中，公司已逐步形成集产、学、研一体，面向海内外年销售5亿元的有影响的大型家纺集团公司。

品种的丰富、质量的提高，促使市场的知名度越来越高，其产品不仅扬名国内，而且打入国际市场。两大市场的农民企业家每年集体包机参加德国法兰克福纺织品交易大会。南通市还积极探索和促成版权贸易。早在1999年，就举办了台湾工艺美术大师作品交易会，进行版权贸易尝试。2006年6月，志浩市场挂牌成立了全国第一家农民版权贸易交易所，版权贸易所设立了花型电脑资料库，上万款花型作品供中外客商选择购买。2008年举办了规模盛大的中国南通家纺城家纺画稿交易会，吸引了众多国内美术作品设计单位和个人前来交易。

　　2010年7月，新闻出版总署署长、国家版权局局长柳斌杰在京会见世界知识产权组织助理总干事特雷沃尔·C．克拉克一行时着重提到了南通。他说："由世界知识产权组织与中国国家版权局共同开展的南通家纺业版权保护优秀案例示范点调研表明，南通市为保护企业在花布花型等方面的版权，而建立起中国第一个镇村级版权管理机构，并形成了一整套打击盗版、保护创新的工作机制，引导企业自主创新，率先走出了一条利用版权保护促进家纺产业发展的新路。这有力地说明版权保护可以很好地促进区域经济文化的发展，为版权产业发展树立了好的典型，南通经验，世界共享。"

◇ 2007年5月，国家版权局主办的"全国版权相关产业发展先进典型经验现场交流会"在江苏南通召开。（江苏省版权局 供）

第三节｜德化经验：版权保护推动产业发展 促进自主创新

2004年全国版权工作会议现场会在福建省德化县召开。瓷都德化县积极保护陶瓷创新，在全国率先走出一条合理利用版权保护促进产业发展的新路。时任国家版权局副局长的沈仁干表示："在德化开现场会在国家版权局历史是第一次。德化由于加强版权保护，陶瓷产值达到53个亿，如果每个县都能像德化这样，那形势就完全不一样。德化在全国带了个好头，它的经验要好好宣传推广。"

德化县地处福建中部，是泉州市的山区小县。该县陶瓷生产兴于唐、宋，盛于明、清，是我国"三大古瓷都"之一。改革开放以来，尤其是20世纪90年代初西洋工艺瓷市场的开拓，使德化陶瓷业迅速发展，并完成了从国有企业向民营企业的转制，从传统工艺向现代工艺的转变。但陶瓷产业发展中始终困扰政府和企业的一个问题是：由于知识产权意识薄弱，保护措施不力，企业间相互仿制、竞相压价的无序竞争行为相当普遍。"创新不如模仿"、"手背手心都是肉，无论谁发展都是当地发展"的错误观念，导致企业耗费多年心血和较大成本开发成功的新产品，因被侵权盗版

◇ 德化陶瓷学院。（福建省版权局 供）

而收不到应得的效益，甚至连开发成本也收不回。侵权盗版使德化县陶瓷业年均损失2亿元以上，企业创新积极性受挫，极大影响了德化陶瓷产业的发展。

从1997年开始，福建省版权管理部门立足福建特色，加大对主体工艺美术作品特别是德化县陶瓷作品的版权保护力度，在国家版权局的支持、指导下，大力宣传著作权法律法规，增强各级领导和企业的版权意识；积极开展作品版权登记工作，保护企业的创新意识；同时，依法严厉打击侵权盗版不法行为，提高企业保护自身合法权益的维权意识。经过几年努力，规范了德化县陶瓷生产秩序，推动了陶瓷产业的健康有序发展。2001年，该县陶瓷业产值达30亿元，占全县生产总值的67%，开始显露出版权保护在该县陶瓷产业发展中的重要作用。

实行版权保护为德化的陶瓷产业发展带来了可喜的变化，自2001年以来，版权登记的作品以每年20%的速度增长，已办理作品版权登记4350多件。县里被省列入版权登记重点保护的企业3家，获得中国名牌2个，中国陶瓷行业名牌4个，国家免检产品3个，省名牌5个。德化白瓷被列为国家地理标志保护产品。更为令人欣慰的是，经过这些年的努力，企业的版权保护意识明显增强，市场趋于规范，即使发生侵权纠纷也能够有理有据地及时得到处理。比如德化晖德陶瓷有限公司开发的"海

◇ 江苏叠石桥国际家纺城。（江苏省版权局 供）

豚系列"工艺瓷新产品，深受欧美客户的喜爱，但没想到"内贼"难防，公司的一名业务员私自将产品资料转厂生产，以低价骗取外商订单。公司发现后，马上将印有福建省版权局公章的产品版权登记复印件寄给外商，外商见该产品已有版权登记，立即纠正错误，并与晖德公司继续履行原价格合同，从而显示了版权保护强有力的作用，有效地维护了企业的合法权益。不仅企业的权益受到损害时能够通过版权监管与服务部门的调解与执法来维护自己的利益，而且不去侵害别的企业的权益也成为行业的共识。比如德化县先达瓷厂董事长叶文贤曾因公司侵犯他人版权而受到处罚，经过此次教训后他成了县里最善于应用著作权法保护自身利益的典型。一次一名台湾商人拿了一件陶瓷样品要求先达公司生产，却拿不出产品授权书，被叶文贤当场拒绝。他说："版权保护，不但要保护自己的产品不被侵权，同时要保证自己不侵权别人的产品。"宏益陶瓷研究所的柯宏荣、陈桂玉夫妇早有将其凝聚半生心血的瓷雕作品汇编成画册的想法，但因为怕作品会被仿制，迟迟不敢付梓。当他们得知县版权登记服务中心能够办理版权登记业务后立即将其中的109件（套）作品进行了版权登记，汇编出版了《柯宏荣陈桂玉瓷雕作品集》一书。县政府还组织有关部门深入企业，与企业经营者探索研究陶瓷产品开发创新的保障机制，成立陶瓷同业公会，制定了《关于建立陶瓷产品发明创新保障机制规定》，用以协调解决同

◇ 福建树脂工艺品。

行业企业间无序竞争等问题，促进企业公平竞争、良性发展。成立德化县鼓励企业争创名牌领导小组，出台了《德化县鼓励企业争创名牌奖励办法》。有了这些监管与激励措施后，企业的创新热情大大提高。德化县冠福陶瓷有限公司是一家创新能力较强的公司，公司的样品陈列室经常接待领导和客商参观。然而在实行版权保护以前，这是绝对不允许的。"当时德化县各个陶瓷企业的样品陈列室都是机密重地，挂着闲人免进的牌子，设计新产品也神神秘秘的，搞得好像开发原子弹一般"。谈起当时的情形，公司总经理林文智自己也觉得好笑，但也称无奈，因为确实都被盗版弄怕了。有了版权保护，公司得以放开手脚，不断推陈出新，每年开发的新款造型和花面达300多个，2005年"冠福"获得"中国名牌"的荣誉称号，2006年底，"冠福家用"成功上市。

福建省版权局加强版权保护、推动产业发展的做法得到福建省委、省人大、省政府领导的大力支持和充分肯定。2003年，时任国家版权局副局长的沈仁干专程到德化考察，给予充分肯定。2004年3月，全国版权工作会议在泉州召开，并在德化县举行版权保护工作现场办公会，总结推广德化县加强版权保护、促进地方经济发展的经验。沈仁干同志说就叫"德化经验"。2006年，国家版权局授予德化县"全国版权保护示范单位"的光荣称号。2007年，国家版权局副局长阎晓宏再次来德化县调研考察，充分肯定了"德化经验"。

版权保护不仅推动了产业发展，更促进了自主创新和科学发展。为了鼓励自主创新，德化县先后出台了"对企业出国（境）参展和企业业务人员出国考察给予补贴"、"对生产高档日用瓷企业实行若干优惠政策"、"鼓励陶瓷配料加工专业化、标准化、规模化的奖励办法"、"建立陶瓷产品发明创新保障机制规定"、"鼓励企业争创名牌奖励规定"等一系列红头文件，县政府每年投入800多万元支持企业对陶瓷公共技术的研发，企业的创新积极性得到保护和激发。

没有版权保护，就没有陶瓷产业的发展，也就没有德化县的支柱产业。德化人正在变"德化制造"为"德化创造"，以版权保护进一步带动自主创新，促进全县科学发展。

第四节｜示范的力量：版权示范城市（基地）的正版传奇

随着版权保护制度对促进智力创新、推进经济社会发展的作用日益显现，各级人民政府越来越重视版权资源，将版权保护纳入各地发展总体规划，充分发挥版权制度在优化资源配置、保护创新成果、促进文化繁荣、推动经济发展等方面的重要作用。自2005年开始，国家版权局启动了创建版权示范城市及授予示范单位、园区（基地）的活动，通过对版权保护工作做出突出成绩的城市和给各地带来巨大经济效益和社会效益的单位、园区（基地）进行表彰、奖励和宣传，来充分调动各地开展版权工作的积极性，进一步提高社会公众的版权保护意识，推动版权保护工作更好地为经济建设服务。

2005年，国家版权局授予海尔集团"国家版权保护示范企业"称号；2006年，批准大连市为"国家软件版权保护试点城市"；2007年，国家版权局宣布授予杭州为全国版权保护示范城市。

◇ 2006年4月26日，八家行业协会共同签署《推进版权产业发展合作协议》。（国家版权局版权管理司 供）

杭州的版权工作在为地方经济文化建设服务方面成效显著。从2003年11月起，杭州市就开始实施政府软件正版化工作。2004年12月市政府机关46个工作部门办公软件顺利通过浙江省使用正版软件工作领导小组的检查验收，成为全省第一个实现政府机关办公软件正版化的市级政府。此后，全市13个区、县(市)也全面完成了软件正版化工作。同时，民间版权保护组织在杭州也已燃起星星之火，全国副省级城市的首家版权服务中介机构就在杭州成立，包括版权保护协会在内的社会组织中介机构积极开展版权贸易、版权代理、版权登记、著作权集体管理、版权保护管理的软件开发、版权咨询等相关版权事务。

随着动漫游戏产业在杭州如火如荼的发展，版权保护极大地促进了原创生产。国际动漫节的成功召开，使得杭州初具动漫产业的硅谷效应。在市文广新局的扶持下，杭州市的动漫基地建立了版权保护办公室，全市多家大型动漫企业建立了自己的版权机构，配备了专职版权保护人员。版权保护被切实纳入知识产权保护的范畴，版权保护的相关工作被列入文化发展范畴。作为国家软件产业化基地、集成电路设计产业化基地、国家电子信息产业基地、国家动画产业基地，杭州市信息服务与软件产业发展也十分迅速。

10多名版权保护方面的领导、专家、教授、律师担当起"版权顾问"，杭州市成立了全国首创的"版权顾问小组"，为相关企业出谋划策，解决版权问题，成为全国媒体追捧的焦点。全国中心城市首例音乐著作权侵权案在杭州被查处，对钱柜、易初莲花等4家有影响的音乐侵权处罚，让"营业场所使用背景音乐也收费"的观念植根杭城。尽管软件、图书、音乐是无形财产，有形保护显得缥缈。但在这座"全国版权保护示范城市"，人民深切地感受到，文化创意领地是安全的。

2009年，为推动版权社会服务体系的建立和完善，国家版权局加快了授予创建版

◇ 2009年5月8日，新闻出版总署副署长、国家版权局副局长阎晓宏为国际版权交易中心交易系统开通鸣锣。（严肃 摄）

权示范城市及授予示范单位、园区（基地）的活动，先后授予广交会为"全国展会版权示范单位"、中关村科技园区雍和园、北京国际版权交易中心为"国家版权贸易基地"，北京大学为"国家数字版权研究基地"，批准成都、青岛开展创建全国版权示范城市工作。

启动创建工作后，成都成立了20多个部门组成的创建全国版权示范城市工作协调小组，将创建工作纳入市委、市政府工作目标考核体系，创造性地提出了以版权干部、版权孩子、版权人才、版权公益宣传为支点的"版权四大工程"。不仅将版权知识融入到每一年的干部培训考核中，还从孩子抓起，灌输培养孩子们的版权意识，实施了版权知识覆盖全市中小学生的"千百万"行动计划，设立版权人才培训中心，为版权业输送人才，坚决打击盗版，推广使用正版产品。

成都还在版权行政管理、司法审判以及社会服务机构建设中积极探索，在全市形成了版权行政、司法和社会服务组织多渠道、多途径、多功能的版权保护组织体系。不仅成都的19个区（市）县和高新区，均有负责打击侵权盗版的执法队伍，武侯区、高新区、锦江区法院还先后成为取得知识产权纠纷管辖权的基层法院，进一步完善了成都市知识产权审判机构。

成都出台了一系列激励创新政策，对版权登记实施资助，计算机软件及其他作品版权登记量年均增长率达40%以上，2010年全市软件登记增幅在全国名列第三。此外，成都还开展首届"成都金创意奖"原创优秀作品评奖活动，在全社会引导、激励原创作品的创作，促进智力成果转化和运用。成都组建了西南地区唯一的综合

◇ 2010年1月10日，腾讯公益慈善基金会捐赠1000万元，用于捐助先天性心脏病儿童。（腾讯 供）

性版权交易服务机构——版权交易中心，及时传递版权资源供需信息，提供作品版权登记、交易、展示、保护以及版权数据信息等服务，为各类作品的权利人和使用者搭建沟通交流和交易合作的社会服务平台。还在20余个产业发展集聚区和多个行业协会设立工作站、工作室或联络点，为行业企业提供版权个性化服务。

开展创建工作以来，成都核心版权产业发展势头良好，仅2009年全市软件业产值达628亿元，同比增长47.1%；全市新闻出版产业产值达222亿元，同比增长20%；广播影视业收入24.74亿元，增长3.7%；文化艺术服务业收入达14.49亿元，增长16.2%；2010年上半年会展业实现直接收入16.2亿元。如今的成都，已经形成了政府引导、企业参与、群众支持的版权保护格局，初步发挥了版权保护在城市经济社会发展中的影响力，在促进智力成果的创造、运用、保护与管理的同时，成为推动城市经济转型的加速器。

正如国家版权局副局长阎晓宏在授予成都"全国版权示范城市"授牌仪式上所讲，"开展创建全国版权示范城市工作，就是要有效发挥知识产权特别是版权在优化资源配置、保护创新成果、促进文化繁荣、推动经济发展等方面的积极作用，在全社会大力弘扬尊重知识、尊重创新的科学品质，推动中心城市在版权创造、运用、保护和管理方面的能力得到显著提高"，"国家版权局先后批准成都、青岛、苏州、厦门等一批版权资源丰富、版权要素活跃、版权产业聚集的中心城市开展了版权示范城市的创建活动，这对于贯彻落实科学发展观、转变发展方式、实施国家知识产权战略、提升全国的知识产权水平具有重要的推动作用"。

◇ 2003年8月5日，中关村科技园区版权保护中心挂牌成立。（国家版权局版权管理司 供）

第七章 卓有成效的中国版权宣教 与公民版权意识的唤起

题记

　　中国政府一向重视版权宣传教育工作。1990年,新中国正式颁布的第一部《著作权法》,标志着我国的版权事业开启了一个新的时代,有法可依,是版权宣教工作开展的根基。自《著作权法》颁布以来,版权宣教工作就与立法、执法、司法、产业发展紧密结合,不断发展。今天,版权宣教工作已经成为各级版权行政管理部门的重点工作,宣传手段不断创新,社会公众的版权意识迅速提高,版权保护的良好社会氛围逐步形成。2008年国务院颁布的《国家知识产权战略纲要》明确提出要通过"加强知识产权宣教,提高全社会知识产权意识,广泛开展知识产权普及型教育",从而"培育知识产权文化"。

第一节 | 公众版权意识的萌芽

　　联合国《人权宣言》第27条明确规定："任何人都享有为欣赏艺术、分享科学技术及产生的福利而自由参与社会文化生活的权利。任何人对其创作的科学、文学或艺术作品都享有要求保护其精神和物质利益的权利"。中国是一个有5000年历史的文明古国，与版权保护相关的造纸术及印刷术皆起源于中国，杰出的科学、文学、艺术作品灿若星辰，为世界文明的发展作出了不可磨灭的贡献。但是，由于版权的私有属性与长达千年的皇权观念不相符，也与新中国成立以后计划经济时代的价值观严重背离，版权这一人权范畴内的权利，却并未在华夏大地最先得到享有和保护，反而由于社会形态的局限，不断被扼杀在萌芽之中。

　　1978年12月，党的十一届三中全会胜利召开，三中全会公报明确指出："宪法规定的公民权利，必须坚决保障，任何人不得侵犯。"此时的中国社会，版权意识还是一片荒漠。十年"文革"，打断了中国版权立法的进程，更以"不得宣传资产阶级私有化"之名将中国的版权意识扼杀于无形。在那个创作、署名及获得报酬被认为是资

◇ 国家版权局原副局长、中国版权协会理事长沈仁干在2007大学生版权保护辩论赛评委席上。（国家版权局版权管理司 供）

产阶级名利思想的年代，人们的创作激情被压抑，版权更无从谈起。20世纪80年代的中国，文学艺术百废待兴，人们的法治意识略有苏醒，版权立法重新踏上征程，版权行政机构刚刚诞生，版权宣传教育之门，正等待着被轻轻开启。

一、政府主导，开启了版权宣教之门

1985年，国家版权局正式成立，从此，中国有了版权管理工作的行政主体。当时，国家版权局面临的最紧迫任务是制定《著作权法》，为版权工作的全面开展提供根本的法律支撑。在草拟《著作权法》的过程中，国家版权局已经开始了提高社会各界对版权保护认识的工作。可以说，版权宣教工作面对的是一个相当冷漠的社会环境。版权，作为一种无形财产权利，看不见，摸不着，不随物权的转移而转移，因此也就更难于为社会大众所认识和接受，同时，"保护版权就是保护外国人的利益"是当时普遍存在的思想。1988年2月26日，国家版权局向国务院呈报了《关于版权立法和涉外版权关系问题的报告》，对参加版权国际公约后是否会出现国家难以承担的巨额外汇支出等问题作了说明，这从一个侧面说明了当时的社会对于版权保护这个舶来品的疑虑。

1988年12月底，28个省（区、市）相继建立了版权局或在新闻出版局内设立了版权处，版权行政管理体系初见规模，1989年4月11—15日，国家版权局在杭州召开了第一次全国版权局长会议，同时举办了全国版权局长研讨班，对《著作权法》的草案进行了讨论，并研究了版权行政机关实施该法的措施，为提高全国版权行政管理机关对《著作权法》的理解，统一对有效实施《著作权法》的认识打下了坚实基础。1990年9月7日，第七届全国人大常委会第十五次会议审议通过了《中华人民共和国著作权法》，并于1991年6月1日正式实施，这标志着我国的版权事业开启了一个新的时代，有法可依，是版权宣教工作开展的根基。

自上而下、覆盖全国的版权行政管理机构的建立和国内立法、国际公约并行的版权法律体制的建立，使版权宣教工作这一转变观念的革命有了队伍和武器。尽管如此，面对刚刚组建、自身版权法律基础还比较薄弱的内部机构和普遍不知"版权"为何物的社会大众，版权的宣教工作面对的是一条满是荆棘的路，在摸索着前进的过程中，版权宣教工作逐渐确定了以国家版权局为主导，各级版权行政管理部门配合，新闻媒体积极参与，社会团体共同呼吁，多种形式并行，多种手段并重的宣教格局，为宣教工作的蓬勃开展打下了坚实的基础。

二、媒体，版权宣教的新课堂

如何使版权相关立法的内容生动起来，使人们有兴趣去了解、去探索，从而意识到版权并非只是一个冰冷遥远的法律字眼，是版权宣教工作一开始就要解决的难点。1992年，中国版权研究会和《中国新闻出版报》联合主办了"全国首次著作权法律知识大赛"就是创新版权宣教工作形式的一次初体验。出乎意料的是，有逾千人参加了竞赛，300人获奖，充分体现了人们对于新事物的探索精神和对知识的渴望，也体现出了媒体的社会号召力，善用媒体，是版权宣教工作找到的一个突破口。1994年6月，为庆祝《著作权法》实施3周年,国家版权局和中央电视台录制了一台宣传《著作权法》的文艺晚会，向全国播出，借助电视节目这一覆盖面广、人民大众生活中不可或缺的娱乐形式广泛传播版权知识，在传媒手段还不十分发达的20世纪90年代，找到了一条最能将版权知识宣而广之的捷径，为版权宣教工作开辟了一条新道路。

1994年6月16日，国务院新闻办公室发布了《中国知识产权保护状况白皮书》，全面阐述了中国保护知识产权的基本立场和态度，系统介绍了中国知识产权立法和执法的现状，以及中国积极承担保护知识产权的国际义务等方面的情况。这种形式，对内，是对版权工作的及时总结；对外，是对版权事业取得成就的积极宣传，此后也成为了国家版权局进行版权工作对内对外宣传的重要手段。

三、让权利人和使用者共同觉醒

版权宣教工作的广泛开展，不但触动了社会大众的法治神经，更让版权权利人和使用者的版权意识悄然觉醒。尤其是经济快速发展带来的社会文化生活的活跃和创作激情的复苏使社会大众重新审视版权这个舶来品，重新思考"为何保护，为谁保护"这个问题。1996年9月9日，全国百家音像出版单位和近400家音像制品总批发单位分别联名发出《禁止买卖版号，提高出版质量，繁荣音像市场承诺书》和《保护知识产权，发行正版音像制品承诺书》，拉开了使用者自觉维权的序幕。而1998年上海反盗版联盟的成立和商务印书馆诉《现代汉语词典》侵权案等权利人积极维权的案件反映出权利人已经认识到自身的权益，他们要争取对自己智力劳动的法律保护！

对此，国家版权局也积极进行了回应。1998年3月，国家版权局在北京召开软件行业反盗版动员会，商讨软件行业如何在全国反盗版联盟中发挥作用；4月，又在北京举办了全国版权贸易培训班，向出版单位普及版权知识。权利人、使用者和政府之

间形成的良性互动，有力地促进着社会版权意识的提高。

四、国际合作，推助版权意识快速成长

世界上第一部版权法——《安娜法》早于1710年诞生于英国，世界的版权立法和版权保护的意识，比我们早了整整3个世纪，吸取国际版权经验，是加快版权意识提高的捷径。在中国加入了国际版权大家庭之后，时任世界知识产权组织总干事的鲍格胥博士怀着对中国人民的深厚感情，积极促成了世界知识产权组织和中国的版权合作。

从1979年邀请日本专家举办讲座起，国家版权局举办了若干期培训班、研讨班，邀请世界知识产权组织等国际组织和外国专家来华讲课；1982年5月，世界知识产权组织在北京举办了首次版权培训班；1983年2月，联合国教科文组织首次在上海举办版权培训班……一次次培训、一个个讲座，对助推中国版权意识的快速成长起到了重要的作用。

自1993年起，世界知识产权组织和国家版权局以及地方版权局就民间文学、版权和邻接权执法、国际公约和条约等议题联合举办研讨会，为借鉴国际先进经验，弥补版权队伍知识水平差距作出了重要贡献。欧盟、国际影印复制权协会（IFRRO）也为中国版权意识的提高伸出了热情的援助之手，以开展合作项目、在国内外举办培训等方式帮助中国的版权行政队伍迅速成长，带动中国社会版权意识的提高。

◇ 2005年4月29日上午，北京"中学生版权保护主题教育"活动启动仪式在中国人民大学附属中学举行。新闻出版总署署长、国家版权局局长石宗源等出席仪式。（国家版权局版权管理司 供）

最初的10年间，在政府的主导下，随着版权法律体系的不断完善，版权执法工作的有力推进，版权司法体系的逐步建立，版权国际交流的日益频繁，版权宣教工作逐渐走上了轨道。版权意识这颗新芽的开花需要土壤的不断肥沃，以政府为主导的宣传工作，已经为版权意识之花铺就了一层厚厚的泥土，而文化艺术的繁荣使权利人的意识不断觉醒，为它的成长不断添加着养料。你很难注意到花瓣绽开的那一瞬，但是，谁也不能忽略那已慢慢透出的芬芳。

○ 2005年2月26日，在首都体育馆举行的反盗版群星演唱会，以强大的明星演出阵容和"版权保护"的鲜明主题，吸引了众多歌迷及海内外媒体的关注。（国家版权局版权管理司 供）

第二节│社会版权意识的绽放

2001年,中国《著作权法》颁布10周年。十年磨一剑,经过10年的努力,"尊重正版、拒绝盗版"已经逐步成为社会共识。在新世纪的前10年里,随着版权法律制度的完善,版权执法工作的重心转移到网络侵权执法,版权工作进入全面开展的阶段,集体管理制度建立完善,版权产业蓬勃发展,版权宣教工作成为各级版权行政管理部门的重点工作,版权宣教手段随着时代发展不断创新,社会公众的版权意识迅速提高,版权保护的水平有赖于版权保护意识的提高成为共识。这10年,是观念激烈碰撞的10年,也是观念加速转变的10年。版权意识之花,在这10年,开始绽放新姿!

一、4·26世界知识产权日与版权宣教新局面的开启

2000年10月,瑞士日内瓦,世界知识产权组织第三十六届成员国大会,中国和阿尔及利亚提议的设立每年4月26日为"4·26世界知识产权日"的提案获得一致通过。2001年,第一个"世界知识产权日"诞生,从此,知识产权有了专属于自己的节日!这一提案,不是以知识产权保护制度完善的发达国家,而恰恰是由屡受知识产权环境差诟病的中国提出,具有标志性的意义。从没有知识产权法律制度,到倡议设立专门的知识产权日,充分表明了中国对于保护知识产权的决心。时间刚刚走进21世纪,中国就完成了一个华丽的转身,以庄严的姿态,喊出了我们的声音:保护知识产权是中国自身社会经济文化的需要,中国在保护知识产权的态度上,是积极主动的。薄薄的一份提案,胜过了千言万语,也为新世纪奠定了基调,中国,将加强知识产权保护力度,保护日终将有一天会变成欢庆日,国际社会将会为中国知识产权意识的提升而喝彩!

2004年4月7日,全国整规办、国家版权局等与知识产权相关的9部委组成的保护知识产权宣传周组委会在京召开新闻发布会,宣布自2004年起在全国联合开展以"尊重知识产权,维护市场秩序"为主题的"保护知识产权宣传周"活动,至今,保护知识产权宣传周组委会已经扩展到了24个部门,形成了联动之势。中国将3年前的倡议切实落实到了实际行动当中,为国际社会提供了一个成功的宣传典范。

"4·26世界知识产权日"的设立及至"保护知识产权宣传周"的确定,也为我国的版权宣教工作设立了明确的方向:建立"以4·26知识产权宣传周"为重要平台,

以日常宣传相结合的多渠道、多手段、立体式宣传方式。在"4·26知识产权宣传周"期间，国家版权局会同保护知识产权宣传周组委会各相关部门，精心策划和组织多种形式的版权宣教活动，带动全国范围掀起版权保护宣传热潮。

2006—2010年，国家版权局、国家工商总局和国家知识产权局连续4年在国务院新闻办召开《中国的知识产权保护状况》的新闻发布会，通过现场回答中外媒体提问结合网上直播的方式梳理一年中中国知识产权保护的成就，向国内外媒体宣传我国政府在保护知识产权、打击侵权盗版方面的原则立场、工作措施和所取得的成绩，将中外社会的目光在短时间内聚焦于知识产权保护的热点问题。2008—2010年，新闻出版总署、全国扫黄打非办公室和国家版权局在中央电视台录制播出"保护版权特别行动"，用对话节目的形式将对版权问题的疑惑一一化解。同时，中国知识产权相关政府部门积极举办一系列知识产权保护高层研讨会，利用各种场合宣传我国版权保护的立场。全国各地版权管理部门也在国家版权局的领导下，按照保护知识产权宣传周组委会发布的通知要求，通过各种形式集中宣传版权保护的重要意义：开动隆隆的压土机碾过堆积如山的盗版光盘，让国民对盗版产品说"不"的同时以最直观的方式彰显着中国政府打击盗版的决心；举办报告会、座谈会、街头宣传、签名活动、开展知识竞赛、制作公益广告等活动，努力提高社会公众的知识产权意识。这样的活动可以列举出很多很多，都以让大众广泛参与、喜闻乐见的形式带动着全社会对版权保护的关注，对版权问题的重新思考，以"尊重知识，崇尚创新，诚信守法"为核心的知识产权文化理念，得到了全社会越来越广泛的认同。

◇ 2006年1月8日，新闻出版总署署长、国家版权局局长龙新民参观北京图书订货会。(国家版权局版权管理司 供)

　　如今，"4·26知识产权宣传日"不仅在中国，已经在世界各国成为集中开展知识产权宣传活动的重要平台，世界知识产权组织也把这一天作为重要的宣传日，通过制作一张海报、设定一个主题并设置一个专栏报道各成员国举办的宣传活动。在中国的倡导下，世界大家庭在这一天携起手来，为知识产权保护而呐喊。

二、借助热点媒介事件提高公众版权保护自觉意识

　　多年来，国家版权局以积极的姿态，充分利用各种媒体，加强版权保护宣传力度，扩大舆论影响。充分利用各种媒体是扩大宣传覆盖面，提升宣传效果，改变公众观念，提高公众意识的有效手段。数字网络媒体的兴起，更为版权宣教工作提供了利器，尤其是网络具有的交互性和参与性的特性，使媒体对于热点事件的曝光时效加快，社会的反响也更加强烈，最大化了社会参与度和社会效应。

　　这里不可不提的就是卡拉OK事件了。2006年，一个大众再熟悉不过的娱乐项目"卡拉OK"却将集体管理和国家版权局这些大众陌生的名词前所未有的具象化了。2006年8月，国家版权局公示了中国音像著作权集体管理协会的卡拉OK版权收费标准，这一事件引领了媒体的网络大争论和网友的跟帖，该不该收费，谁来收费，收多少，是否有部门利益之争，都是公众关注的焦点。所谓的权利，看不见也摸不着，凭什么说要付费呢，类似的言论在媒体的报道中不断出现。这实际上代表了当时大多数公众对于使用版权作品支付报酬的认识偏差。

国家版权局以积极的姿态，充分利用各种媒体，宣传著作权集体管理，普及版权知识，扩大舆论影响。在公众质疑收费、质疑集体管理组织的同时，公众也以最快的速度知道了集体管理的概念，知道了播放卡拉OK、播放背景音乐这种平常生活中不经意的对于版权作品的使用是需要支付版权费的，买到了有形的光盘不代表买到了无形的权利，原来，版权离我们并不遥远。从2007年卡拉OK要不要缴版权费，再到2010年的中国音像著作权集体管理协会分配是否公平，媒体的眼光一直没有离开卡拉OK这个热点问题，在一次次质疑的同时，也带领公众对卡拉OK使用歌曲要缴费的认识从不知道、不接受，转移到更多地关心如何达到收费的公平、分配的合理，让创作者真正得到合理的报酬。这场持续多年的全民大争论，无论观点是否正确，都将民众的目光更多地集聚在了对于版权保护的目的的思考，使社会对版权保护的认识更加直观，对于生涩的版权概念更快接受。2010年，当媒体再次报道中国电影著作权协会对网吧和长途汽车进行版权收费的时候，公众质疑的焦点已不再是该不该收费，而是更关注于收费的公平性和收费队伍的合法性。变化，恰如滴水穿石，一点点地发生。

善用媒体，是版权宣教工作多年来的成功经验，真理越辩越明，成绩有目共睹，大众的观念终归会在大众传媒的引领下，一步步走向正确的方向。

三、将版权保护和经济发展相结合

2003年3月，全国版权局长会议在重庆召开。在这次会议上明确提出了版权保护要促进版权产业的发展，版权工作的重心要从打击侵权盗版转向促进版权产业发展。版权宣教工作顺势跟上，将版权与经济发展的关系和对创新型国家建设的重要性作为宣传的重点，带动了社会大众对版权工作的再认识。

2009年4月，南通的通州海门和叠石桥两大市场作为中国家纺业版权保护的典型被世界知识产权组织列为版权保护优秀示范调研点，受到了国际社会的关注。2010年7月9日，国家版权局和世界知识产权组织正式在京发布了《加强版权保护对中国南通家纺产业发展的影响调研报告》新闻发布会，这一报告的英文版也将由世界知识产权组织向全世界推广，第一次，中国在版权保护的成功经验中走在了世界的前面，以正面而直观的例子有力地宣传了中国版权保护的成就。南通经验，以一个活生生的例子，使经济发展与版权保护的关系紧密结合在了一起，完成了一次观念的飞越。

无独有偶，一次对于省会和中心城市主管副市长的培训也生动地见证了观念的转变。2009年11月，国家版权局与中组部合作首次举办的省会和中心城市主管副市长"国家版权工作专题研究班"在国家行政学院举行。新闻出版总署教育培训中心的同志对当初报名工作的艰难记忆犹新。还有两周研究班就要开班了，报名的市长

却迟迟没有落实。版权，还没有引起操心一方民生、公务缠身的市长们的重视。然而，情况就在开班的第一天发生了变化。参加培训的市长们对每一堂课都听得聚精会神，学习热情很高，与研究班报名时的情形形成极大反差，市长们普遍从"要我学"转变为"我要学"，从不愿意来，变成了不愿意走，从嫌时间长，变成了嫌不解渴。一位市长道出了参会市长们的心声："通过这次学习，深入研究探讨知识产权和经济发展之间的关系，如何打造地方特色经济，带动区域经济发展，我觉得对今后工作的指导意义特别大。"这次市长研究班的成功举办，也再次让各级政府认识到在经济全球化和科学技术迅猛发展的知识经济时代，知识产权、版权已经日益成为国家的重要战略资源，成为核心竞争力的关键要素，成为建设创新型国家重要支撑和经济发展主动权的关键。

宣传版权保护在促进区域经济发展、建设创新型国家、构建和谐社会和提升国家核心竞争力方面重要意义的活动还有很多。

2008年，国家版权局精心举办了"版权保护与创新型国家"全国巡回演讲活动，于2008年4—11月在全国10多个城市进行巡回演讲，所到之处，场场爆满。有关专家、学者就版权保护与创新型国家的关系进行了精彩的演讲，有力地提高了当地党政机关、企事业单位和社会公众对版权保护促进经济发展的认识。

2008年，国家版权局与世界知识产权组织合作，将"世界知识产权组织创意金奖"这一全球版权表彰机制引入国内，开展了"世界知识产权组织创意金奖（中国）"的评选颁奖活动，评选出了6名人物奖和6名企业奖。创意金奖的评选为每两年一次，

◇ 2009年4月22日，成都市"版权孩子"工程启动仪式举行。（国家版权局版权管理司 供）

纳入国家版权局与世界知识产权组织的长期合作项目，以形成版权界的长效激励机制，充分发挥先进典型的引领示范效应，并借助世界知识产权组织的国际平台提升中国版权保护的形象，将中国典范的示范作用进一步宣传到世界。

四、通俗生动的宣教方式使版权意识深入人心

2005年2月26日晚7点，首都体育馆座无虚席，一万五千多名观众和上百名来自国内外的著名歌星同聚于此，热烈的气氛围绕着一个主题"版权保护"。国家版权局主办的"守望我们的精神家园：国家版权局版权保护——百名歌星演唱会"系列活动达到了高潮。全国人大常委会副委员长许嘉璐、全国政协副主席罗豪才、国家版权局局长石宗源、副局长阎晓宏和十几位部长出席了演唱会。据媒体评论，这是继20世纪80年代曾为国际和平年举行的首届"让世界充满爱"百名歌星演唱会、20世纪90年代为世界环保年举行的"只有一个地球"百名歌星演唱会之后，又一场百名歌星齐声呐喊一个主题的盛大活动。"一定要支持正版啊！"来自韩国的张娜拉用略显生疏的汉语大声喊出了权利人的心声。"为了明天，让我们一路携手同行，守护我们共同的精神家园！""2005年度版权保护形象代言人"冯小刚导演代表同仁们发出了号召！同心协力，我们的地球家园才会更美好，携手守望，我们的精神家园才会绿树满荫。

2008年4月26日，中央电视台社会与法频道播出了新闻出版总署、国家版权局、全国扫黄打非工作小组办公室联合中央电视台制作的版权保护特别节目"创意无限

◇ 2007年4月19日，"版权保护与创新型国家"全国巡回演讲活动暨首场报告会在北京举办。（国家版权局版权管理司 供）

中国保护"。活动中，柳斌杰署长代表新闻出版总署、国家版权局授予演艺明星成龙"反盗版形象大使"称号，成龙随后以大使身份宣读了"拒绝盗版，使用正版"的倡议宣言书。

　　2009年4月26日，国家版权局和中国版权协会在中央电视台文艺频道"欢乐中国行"栏目组织播出了主题为"版权在我身边"的大型文艺晚会。主持人董卿将我国版权立法、司法、行政工作取得的成效娓娓道来，徐沛东、谷建芬、蔡志忠等与主持人交流着权利人的心声。央视主持人马东、王小丫、董倩、月亮姐姐、撒贝宁分别从文艺、经济、新闻、少儿、法治等不同侧重面向公众传递一个信息，呈现一个事实：版权制度并不等同于打击侵权盗版，它更大的作用在于鼓励创新，繁荣文化产业，促进经济发展。

　　这正是版权宣教工作探索出的成功方式。生硬的说教只会让人反感甚至敬而远之，如何使版权宣教工作能够生活化、通俗化、更为公众接受，这是版权宣教工作一直着重关注的问题。找到最适合公众的方式，以潜移默化的方式让人们由感兴趣而愿意去探寻为什么，将达到事半功倍的效果。以演唱会、晚会这种大家喜闻乐见的形式道出权利人的心声，讲版权保护的意义，让公众偶像为版权保护现身说法，具有强有力的说服力和公众人物效应。人们将版权保护这一他们认为略显行政化、生涩化的口号与他们心中的偶像联系在了一起，偶像的力量带动他们对自身行为的再次思考，同时使版权保护这个概念植入了心中。

　　除此之外，海报、公车广告、户外广告，也是版权宣教工作的重要手段，这些人们不经意间看到的版权宣教标语，潜移默化地让人们接受了"版权保护鼓励创新"的观念，一点一滴地构建着"尊重知识、尊重劳动、尊重创作、尊重版权"的社会氛围。

◇ 2009年4月26日，国家版权局主办、中国版权协会承办的"版权在我身边"大型主题文艺晚会在央视三套节目成功播出。（严肃 摄）

五、为了明天的太阳——版权宣教也要从娃娃抓起

与知识产权其他领域相比，版权保护水平的提高更依赖于社会公众意识的提高，青少年是国家未来建设的主力军，青少年的版权意识决定着社会公众的版权保护意识。2008年6月5日，《国家知识产权战略纲要》正式颁布实施，明确提出了要"将知识产权教育纳入高校学生素质教育体系，制定并实施全国中小学知识产权普及教育计划。"

2005年4月29日，由中宣部、国家版权局、教育部、团中央联合主办的"拒绝盗版，从我做起——中学生版权保护主题教育"活动，在中国人民大学附属中学举行启动仪式，国家版权局局长石宗源、中央精神文明办专职副主任翟卫华、团中央书记处书记尔肯江·吐拉洪、国家版权局副局长阎晓宏、北京市副市长孙安民等有关领导同志出席了启动仪式，学生代表宣读了保护版权倡议书，他们庄严表示："用我们青春的誓言共同维护正义与良知"，3000余名学生在"拒绝盗版，从我做起"的条幅上签名。同时，天津、上海等10个省市区也启动了这一持续到12月的主题活动。在活动中，相关部门组织了版权专家和版权执法人员进校园，与中学生开展对话，在全国范围内组织开展"我与版权"主题征文，征收中学生论文2万余份。

2007年，版权宣教工作走进了大学校园，大学生版权辩论赛和大学生版权征文活动相继举办。大学生辩论赛通过灵活巧妙的辩论形式，围绕树立正确的版权保护意识，将促进国际交流、加强国内法制建设作为辩论主题，辩题涉及民间文艺作品版权保护、互联网时代版权保护等热点问题，极大地促进了大学生的思考，新颖的观点在激辩中涌现，令很多专门做研究版权的专家都不由得感到后生可畏。而大学生征文中更凸现出了大学生们敏锐的眼光和对前沿版权学术知识的思考。

2008年4月22日下午，大学生版权论文征文颁奖仪式暨新闻出版总署署长柳斌杰与大学生互动交流活动在中国人民大学举行。柳斌杰署长亲手将大红色的证书交给了获奖的同学，并与大学生们饶有兴趣地就"网络下载版权资料是不是在进行盗版"、"我国的版权保护是否是为了保护外国人的利益"等问题进行了交流。最后，柳斌杰署长深情寄语大学生"希望你们成为创造中国版权事业辉煌历史的新一代！"

2008年4月28日下午，北京市陈经纶中学校园里，灿烂的骄阳映着同学们兴奋的稚嫩脸庞。国家版权局、共青团中央联合举办了"创新与未来——青少年版权保护主题教育活动"启动仪式。陈经纶中学的学生代表向全国青少年发出倡议，号召大家支持正版、远离盗版，在这所历史悠久的著名中学拉开了持续3年的全国青少年主题教育活动的序幕。

在2009年"4·26世界知识产权宣传周"期间，正式启动了"全国青少年版权保护读书活动暨版权保护知识竞赛"。各地版权行政管理部门会同教育部门，积极组织，在全社会引起了极大反响。知识竞赛共收到来自山东、江苏、浙江、湖北、甘肃、宁夏、

青海、新疆等21个省、市、区557所学校的有效答题卡24万多份，在青少年中掀起普及版权保护知识的新热潮。

经过几年的努力探索，版权宣教工作针对不同年龄段的青少年，形成了覆盖广泛的立体宣传。自小学到大学，版权都不再是一个陌生的名词，"尊重知识，鼓励创作；保护版权，从我做起"的意识已在青少年中逐步形成。今天的青少年，将成为未来社会意识的主流，今天的版权保护意识，将会勾画出明天版权事业的蓝图。

六、展览和展会上的版权理念传播

如何用直观的方式展现版权保护的成就，是版权宣教工作的一项重点。用图说话，用大量的事实说话，展览，就是一个最有力的手段。有人称我们这个时代为"读图时代"，展览这种图文并茂的形式正顺应了这个时代的需求。以图片和简短的说明文字串起的展览让参观者在较短时间内遍览版权工作的掠影，纵观版权事业一路走来的辉煌。

2005年8月，全国整顿和规范市场秩序领导小组办公室向国务院提交了举办"中国保护知识产权成果展览会"的报告。吴仪副总理专门就展览会作出了具体的批示，并指示要争取将展览办到国外去。2006年4月20日—27日，整规办、中宣部、公安部、文化部、海关总署、工商总局、版权局、国知局、新闻办9个部门联合筹备的展览在中国人民革命军事博物馆举办，党和国家领导人亲临现场参观，中外媒体进行了大规模的报道。上千幅精美的图片和生动的文字将中国保护知识产权的成果集中呈现，吸引了世界的目光，也提升了国际社会对中国版权保护的认识。

版权宣教工作自然也不会忽略展览这个重要形式。2000年，新闻出版总署和国家版权局就在京举办了首次"中国图书版权贸易成就展"；2007年，国家版权局在第十四届北京国际图书博览会上举办了"中国版权贸易成果展"；2009年，为庆祝建国60周年和改革开放30年，国家版权局又举办了"前进中的中国版权事业"展览，集中展示了我国版权事业取得的伟大成就。

版权宣教不仅应该是关起门来做功课，我们也需要向国际社会展现中国版权保护的成就，进一步树立我国在国际知识产权保护领域的正面形象，促进我国版权界与国际相关机构开展更为广泛的交流与合作，提高中国文化在世界范围内的认知度和影响力。

2009年，国家版权局在第十六届北京国际图书博览会和2010年第六十一届法兰克福书展上设立了面向国际的中国版权服务站，并以中国版权服务站为依托，向国际社会宣传中国在完善版权保护制度，促进版权产业发展，打击侵权盗版方面的坚定立场和积极举措，并全面展示我国的版权公共服务、社会服务机构和服务内容。

不仅仅是书展，中国国际版权博览会、深圳文博会、海峡两岸精品交易展，都是展现自己的窗口。展览和展会宣传，已经成为了一个常态性的版权宣教形式，向国人昭示着中国版权事业的演进，也向国际社会张开了怀抱，展示着中国知识产权负责任的大国形象。

七、多层次培训促使观念更新

版权培训教育工作和版权宣教工作恰似手心和手背，共同加强才能使版权工作这只拳更加有力。加强人才队伍建设，培养一支高素质的版权生力军，促进版权事业的不断发展和进步，这已经是从中央领导到地方行政管理部门的共识。而国家版权局和各级版权行政管理机构从建立之初，就将版权培训教育工作列入了重点工作，与版权立法、执法、产业发展等项工作紧密配合，内容不断更新，范围不断扩展。

为不断提高地方版权行政管理、执法队伍的综合素质，国家版权局和地方版权局针对不同时期的工作热点，面向不同层次的版权部门主管领导和一线执法人员，连续多年举办培训班。自2002年起，举办了"全国地方版权行政执法人员培训班"、"全国基层版权执法工作交流会"等，增强了基层执法人员做好工作的信心和能力；为配合正版化工作，自2001年软件正版化工作开始后，举办政府和企业软件正版化培训班，增强政府和企业推进软件正版化工作的自觉性和主动性。北京、上海、云南、广西等各省、区、市版权行政部门也都积极行动起来，组织本地区开展各项培训。培训工作的广泛开展，为推进版权保护工作奠定了良好的基础。

为加强对我国版权贸易工作的指导，建立一个交流国内外版权贸易信息的权威平台，并配合一年一度的"北京国际图书博览会"（BIBF），自1999年起，每年国家版权局都在京举办"北京BIBF国际版权贸易研讨会"，邀请国内外版权贸易相关官员和专家就上一年度的版权贸易情况进行分析并介绍版权贸易的国际发展趋势，并在会议上举办局社长论坛，就当年版权贸易的热点问题进行交流探讨。到2010年，"北京BIBF国际版权贸易研讨会"已经连续举办了10届，对海内外版权贸易的开展扩宽了思路，指明了方向。

建设自己的版权队伍只是版权培训工作的一个方面，提高各界版权从业人员的素质和社会大众对版权工作不断更新的认识是版权培训工作不断追求的目标。让思想与时俱进，让知识不断更新，让观念不断转变，我们才能跟得上这个时代的变化。

第三节 | 拥抱版权保护灿烂的明天

　　2009年，国家版权局首次出版了全面记录中国版权事业发展历程的《中国版权年鉴》。这厚厚的600多页的书浓缩了中国版权事业30年的艰辛，也彰显着中国版权事业在短短的几十年间取得的伟大成就。当然，我国的版权保护工作仍有薄弱环节，对外宣传还比较薄弱，国际社会对我们的了解还不够充分，社会公众对于版权保护的认识还没有达到普遍"自觉维权"的程度，尤其是数字网络时代的到来，使侵权盗版成本更低、更加隐蔽，公众对于自身行为是否侵权的认识相对模糊，探索更好的版权宣教机制，全面提高社会公众的版权保护意识，树立中国版权保护的形象，做到"国际有声音，国内有反响"，仍需要我们由内而外、不断地、长期地开展普及版权知识的宣传和活动，增强宣传活动的针对性和有效性。

　　党的十七大报告提出，我国要提高自主创新能力，建设创新型国家。实施知识产权战略。这意味着，中国将有效保护知识产权作为一项基本国策，不仅是吸引外国投资和技术、创造良好投资环境、满足国外要求的需要，更是促进中国自身科技和经济发展，完善市场经济体制的内在需要。我国已经连续两个五年将知识产权教育列入国家普法规划。《国家知识产权战略纲要》明确提出要通过"加强知识产权宣传，提高全社会知识产权意识。广泛开展知识产权普及型教育"，从而"培育知识产权文化"。党和国家对保护知识产权工作高度重视，对知识产权宣传工作也已经从战略高度提出目标并付诸实践。

　　观念的转变并非一朝一夕，社会版权意识的全面提高仍任重而道远，党和政府的重视为版权意识的提高提供了充分的支持，而意识的转变终将带来版权工作的质的飞跃。

　　果实初成，但还需要时间，需要阳光和肥沃的土壤让它成熟。

○ 2009年9月3日，"前进中的中国版权事业"展览在北京举行。新闻出版总署署长、国家版权局局长柳斌杰（右五）出席开幕式并致辞。（严肃 摄）

第八章 培育中国版权事业的学术与理论支撑

题记

改革开放之初，可供研究的知识产权文献资料非常匮乏，同行学者更是屈指可数，如今，知识产权逐渐成为一个独立的学科体系得到政府和学界的认同和支持，正步入显学之列；经过二十几年的发展，我国的知识产权研究已经走过了基础薄弱阶段，研究成果日趋丰硕。已出版的关于知识产权的著作和译作不可胜数，承担的研究课题数百项，累计发表论文数千篇；二十几年来，著作权人才的教育和培养工作取得了桃李芬芳满天下的佳绩，输送了大批知识产权专业人才，正如新闻出版总署署长、国家版权局局长柳斌杰在《全国大学生版权征文获奖作品选》的序言中写道："我为我国版权事业涌现出如此年轻的一支朝气蓬勃的生力军而兴奋，为我国高校在知识产权教育方面取得的长足进步而喜悦，他们是中国版权事业的福音，是我们建设创新型国家的福音。"

第一节│一本巨著，一代大师

2006年9月15日清晨，北京八宝山殡仪馆兰厅告别室门前排起了长长的队伍。人们从全国各地赶来，甚至有些人从英国、澳大利亚远道而来，来不及掸去旅尘，就为与一位学者、一位知识产权卫士见最后一面，告别厅内外充满着深深的思念与哀悼之情。

"还不到62岁，正是可以释放你厚重的积累、展示你渊博的学识、袒露你宽广的胸怀、散发你迷人的魅力，教诲学子、辅助后生、服务决策、恩泽大众的最佳时节，你却走了。走得那样匆忙、那样悄无声息……你走了，中国的知识产权人无不震惊、无不悲伤、无不惋惜、无不嗟叹！你走了，中国的知识产权学界失去了一位良师，一位益友，一根顶天立地的支柱，一座在暗夜中指引航程的灯塔，一片充满盎然生机的绿洲，一座可以让拥戴者依靠、令反对者畏惧的高山……"中国社会科

◇ 郑成思先生（1944—2006）。（郑成思家属 供）

学院知识产权中心全体60位师生"哭送郑老师"一文，让全场人留下了悲伤的眼泪。

这位令万千学人钦佩和敬仰的学者就是我国著名知识产权专家、中国社会科学院法学研究所研究员郑成思。

在知识产权学界，郑成思老师可谓无人不知，无人不晓。他曾两次为中共中央政治局集体学习授课，多次为全国人大常委会作法制讲座。2004、2005、2006年连续3年被权威学术杂志——英国《知识产权》杂志评为"世界上最有影响的50位知识产权界人物"之一。郑成思老师在版权领域的贡献更是其他学者无可比拟的，他所著的《版权法》是许多人的案头必备，引领无数人走进了版权的殿堂。

1990年，我国《著作权法》刚刚颁布实施，这部法律的出台，为保护创作者权益，促进作品的广泛传播提供了法律上的保障。然而，虽然当时人们已经对版权有了初步认识，但除了国家版权系统的官员以及部分学者对版权有所研究外，大部分人对版权还知之甚少乃至一无所知。如何深入地理解和掌握这部法律的要旨所在，成为了著作权法普及面临的一个难题。

值得庆幸的是，在《著作权法》尚在起草之中时，由郑成思老师撰写的《版权

◇ 2009年11月11日，"两岸四地版权法律制度研讨会"在厦门举办。（厦门市版权局 供）

法》即于1990年由中国人民大学出版社出版，为那些想了解和掌握著作权法相关制度的人们提供了绝佳的学习材料，引领许多人走入了版权的殿堂。这本书成为无数人研习版权的权威教材，行政官员、法院法官、高校教师、律师、学生等纷纷购买，各大书店书架上的《版权法》很快便被抢购一空。后来又多次修订和重印，仍然广受欢迎。

这本书为何如此受欢迎？

在此之前，版权法律方面的著述以1982年法律出版社出版的沈仁干、钟颖科著的《版权法浅谈》和1984年四川人民出版社出版的由沈仁干等人编译的《国际版权手册》为代表，两本书介绍了著作权法的基本概念和制度，成为普及版权知识的好读物，但在内容的全面性和深度上尚有一定欠缺，而"十年磨一剑"的《版权法》的横空出世，恰恰弥补了这一缺陷。书中结合我国国情，从比较法的角度透彻分析了国际公约和国外立法，并追踪国际上最新研究成果和制度实践，对著作权的概念、权利内容进行条分缕析的阐释，文章论述透彻翔实，论证充分有力。这本书，使我国学者对版权制度的研究一下提升到了新的层面，站在了与国际平行的角度上开始了新的研究工作。

中国政法大学的张今教授回忆，20世纪90年代初，许多法律学者开始对版权法律制度进行深入关注和研究，但都苦于资料的欠缺，而郑成思老师《版权法》的出版，恰为大家解了燃眉之急，身边的同事基本上都是人手一本在看在学。

在郑成思老师的引领之下，国内出现了一大批研究知识产权的学者，许多人都是以版权法律制度研究为切入点，而且相较于专利和商标而言，在版权领域取得成就的学者也多一些。最具代表性的是中南财经政法大学吴汉东教授所著的《著作权合理使用制度研究》，该书在1998年被评为司法部优秀科研成果一等奖，1999年又被评为首届全国优秀博士学位论文，是法学类唯一一篇入选的论文，使著作权的研究在法学界中引起了广泛的关注。随着学者们对著作权等知识产权制度研究的普遍和深入，各大高校纷纷整合资源，成立了各具特色，各有所长的知识产权研究基地，为国家知识产权事业的进步贡献着力量。

1986年成立的中国人民大学知识产权教学与研究中心，是中国第一个知识产权教学和研究机构，被誉为新中国高等知识产权教育的奠基者、开拓者和工作母机，也是中国唯一获得世界知识产权组织创意金奖的高等教育机构。

中南财经政法大学知识产权研究基地，是教育部人文社科重点研究基地法学学科九大基地之一，也是国家保护知识产权工作研究基地，在国家政策研究、知识产权基础理论研究方面蜚声中外。此外，中国社会科学院知识产权研究中心，北京大学国际知识产权研究中心（国家数字版权研究基地也设于北京大学）和中国政法大学知识产权研究中心等研究基地迅猛发展，培养了大量的知识产权专业人才，社会

影响不断扩大。

经过十几年的发展，知识产权在学界已然成为了显学，特别是《国家知识产权战略纲要》的颁布实施，更是将知识产权提升到了国家战略的地位，学习和研究知识产权在社会各界已经蔚然成风。

然而，令人痛心的是，知识产权的春天来了，而郑成思老师这位学界的巨擘却离我们而去，但我们相信，作为知识产权文化的启蒙者、宣传者和开拓者，作为我国知识产权事业的杰出推动者，郑成思老师看到其奉献一生的知识产权事业得到如此快速蓬勃的发展，在天堂里也会赫然欣慰。

第二节 | 缘起两大国际公约

从改革开放以来，《保护文学和艺术作品伯尔尼公约》（简称《伯尔尼公约》）和《与贸易有关的知识产权协议》（TRIPs协议），这两个公约是我国知识产权学界特别是版权界的主要研究问题，翻看20年来学者们的著述和论文，随处都可以看到以《伯尔尼公约》和TRIPs协议相关规定为论证的支持性文句。

当中国实行改革开放，走向国际化舞台的时候，我们突然发现，知识产权已经成为各国间经贸往来和国际贸易的基本规则。特别是在与美国的多轮贸易谈判中，知识产权问题一直都是如影随形，而版权保护问题则是美方一直重点强调的。

在我国加入世界贸易组织时，TRIPs协议更是摆在我们面前的格式合同，要么接受，要么走开。面对咄咄逼人的美国谈判代表和获得最惠国待遇以及加入世界贸易组织的迫切需求，我国的知识产权学者需要加快对版权基本理论问题和国际公约的研究，为维护国家利益提供智力支持。

1986年，郑成思老师所著《知识产权法通论》作为30年来第一本知识产权专著，对知识产权作了系统阐述；1987年，吴汉东和闵峰合著的《知识产权法概论》，作为第一本知识产权教材，提出知识产权理论范畴，对知识产权本体、主体、客体、属性与基本特征进行了初步界定；1995年，刘春田主编的《知识产权法教程》，对知识产权的基础理论进行了深入的研究；1996年，吴汉东所著的《著作权合理使用制度研究》出版，对著作权领域的重大难题之一，从经济学、法哲学、宪法学等多个维度进行了透彻研究，达到了国际领先水平；1998年，吴汉东、曹新明、王毅以及胡开忠所著的《西方诸国著作权制度研究》出版，为我们了解各国著作权制度，探索适合我国国情的版权制度提供了良好的理论支持。

尤其值得一提的是，当时郑成思先生著的《世界贸易组织知识产权协议逐条解读》，对其中的每个条文的产生、来源，我们应如何适用进行了精辟的阐述。当时中国加入世界贸易组织谈判代表团成员人手一本，在中国加入世界贸易组织中的艰难谈判过程中发挥了重大的作用。与此同时，以著作权相关问题为研究对象的论文也大量发表。其中，由中国版权研究会创办于1990年的《著作权》杂志，为版权爱好者提供了很好的交流平台。学者们对著作权的各个具体制度都进行了深入的研究和探索，例如职务作品的归属，电影作品的使用，法定许可的类型，合理使用的判断，等等。经过知识产权学界的不断努力，我国的知识产权研究水平迅速提升，不仅解决了当时政府急需的应对谈判所需的知识，而且站在历史的角度，正确审视知识产权制度的发展过程，提出的学术观点不盲目追求欧美发达国家提出的高标准的保护，而是尽量做到与我国的经济发展水平相一致。

第三节 | 三份沉甸甸的专家建议稿

当以网络技术和基因技术为代表的第三次科技革命席卷全球的时候，我们不经意间发现，数字环境下的版权问题成为全球共同面临的课题。因网络侵权产生的纠纷层出不穷，从最早的1999年王蒙等6位作家诉世纪互联有限公司案，到后来影响甚大的sony诉百度案，在著作权案例中，网络著作权纠纷愈演愈烈。但当时我们国家还未出台关于网络版权保护的专门规定，法院只能通过对著作权法的扩大解释来解决此类问题。

其实，早在1996年，世界知识产权组织就针对互联网版权问题研究制定并通过了《世界知识产权组织版权条约》和《世界知识产权组织表演和录音制品条约》，我国的学者也围绕这两个公约开展了深入的研究，提出了许多立法建议。

在2001年著作权法修订中，《著作权法》第10条对信息网络传播权进行了界定，赋予著作权人此项权利，从而解决了"法无明文规定"的问题，并指出具体的保护条例将另行制定。

为了加快做好《信息网络传播权保护条例》的起草工作，2005年，国家版权局委托北京大学知识产权研究中心、中国社会科学院知识产权研究中心和中南财经政法大学知识产权研究中心各自起草一份专家建议稿。与此同时，国家版权局也组织力量起

○ 1991年《著作权》杂志创刊。（国家版权局版权管理司 供）

草一份草案，计划在三份专家建议稿的基础上，对草案加以修改完善，形成报送国务院稿。

接到任务后，三大研究中心立刻感受到了肩上沉沉的担子。在著作权法的立法历史上，这是国家版权局第一次委托专门的知识产权研究中心起草专家建议稿，学者的研究成果能够直接地为国家立法提供素材，甚至成为立法条文，这是知识产权学者最大的荣耀。中南财经政法大学知识产权研究中心主任吴汉东教授对课题组成员说，此次课题经费虽然不多，但是意义重大，大家一定要本着认真负责的态度，扎扎实实地把此项课题做好。调研、起草、修改、论证，数易其稿，经过几个月艰苦的努力，三家受委托的知识产权研究中心都按时完成了任务，将各自起草的专家建议稿送至国家版权局。

在专家建议稿中，课题组在每个条文后，都详细地附上了术语解释、条文说明、条文理由和世界范围内现有的立法例，形成了20多万字的报告。时至今日，这本厚厚的专家建议稿，仍然可以成为学习信息网络传播权相关制度的权威教材。

2005年，国家版权局将征求意见稿在官方网站上向社会公布，广泛征求各界意见。

2006年5月10日，国务院第135次常务会议通过了《信息网络传播权保护条例》。

2006年12月29日，第十届全国人民代表大会常务委员会第二十五次会议通过了关

◇ 1993年9月，民间文学艺术作品法律保护研讨会在北京召开。（国家版权局版权管理司 供）

于加入《世界知识产权组织版权条约》和《世界知识产权组织表演和录音制品条约》的决定。

我国的《信息网络传播权保护条例》颁布实施后，在世界各国引起了广泛的关注，并得到了世界知识产权组织很高的评价，认为我们的立法在某些规定上达到了国际领先水平。

看到《信息网络传播权保护条例》得以顺利通过，并且条文设计中吸取了专家建议稿的部分意见，三个课题组的成员都欣喜万分，几个月来艰苦工作终于有了满意的回报，再苦再累也值了。

◇ 我国最早的专门从事知识产权教学与研究机构——中国人民大学知识产权教学与研究中心。（中国人民大学 供）

第四节 ｜ 民间文学艺术保护的本土策略

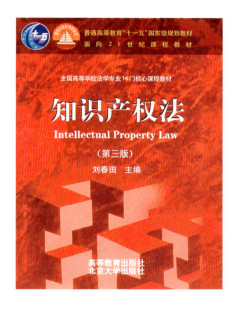

　　1998年，由美国迪斯尼公司出品的动画电影《花木兰》在全球放映，短短几个月，便在全球赢取了16亿美金的票房。在此基础上，迪斯尼公司又推出了《花木兰2》，也获得了空前的成功。

　　由于这部迪斯尼动画影片，花木兰作为中国传统文化的代表之一，在国外的知名度大大提升。许多美国父母都为从中国领养的女婴取名"木兰"。迪斯尼还在从墨西哥到菲律宾的世界各地上演《花木兰》音乐舞台剧版。在香港迪斯尼，与花木兰的卡通人物合影成为西方游客必不可少的节目。

　　这部电影包含着浓重的中国元素，故事的原始素材《木兰辞》是在我国流传了上千年的民歌故事，其中的人物形象和故事情节基本取自于我国民间传说，并在此基础上加以演绎。可以说，《花木兰》就是用好莱坞高科技对我国的传统文化再次包装。

　　《花木兰》在中国的上映也取得了巨大的成功，赢得了一片赞扬之声。小朋友们欢呼有好看的动画片上映，家长们高兴有了给孩子们讲解传统文化的生动教材。

　　有些评论人士从文化传播的角度高呼：民族的才是世界的！把中国人耳熟能详、家喻户晓的传奇故事搬上荧幕并在全世界范围内热映，这不仅仅是迪斯尼的胜

◇《知识产权法》（第三版）。

利，实际上这是世界文化的胜利，是世界东西两种文化水乳交融的一次里程碑式的胜利！

在社会舆论普遍向迪斯尼倾斜的时候，一双双睿智的眼睛正从知识产权的角度在观察和思考，为何好莱坞能利用中国的传统文化赚得盆满钵涨，而我们却只能为他人做嫁衣裳，甚至欣赏自己的国粹的时候还要向美国付费。

迪斯尼，事实上无偿使用了我们的民间文学作品。

民间文学艺术是我国珍贵的文化遗产，是各民族、种族、种群等群体集体智慧的结晶。但是长期以来，世界各国并未对传统文化的保护予以关注，改革开放以来，我们也不断地学习和宣传西方的艺术和文化，反而使本国的民间文学艺术被丢失到遗忘的角落，许多民间文学艺术甚至面临失传的危险。发达国家发掘并利用我们的民间文学作品，我们还有人认为他们在做一件好事。发达国家正是利用我们的这一心理，借助手中的高科技，对我们的文化遗产进行无偿的包装使用。

其实，对民间文学艺术的保护的呼吁，自20世纪90年代起便开始。当著作权法的制定还在热烈的讨论时，便有专家提出对民间文学艺术的保护，但是对于如何保护民间文学艺术，由于其涉及的问题过于复杂，则一直不能提出一个令大家满意的答案。中国人民大学刘春田教授风趣地评论道，我国的民间文学艺术立法，时快时慢，时紧时松。

中国社会科学院的郑成思研究员曾撰文指出，对于软件和民间文学作品这两类特殊作品而言，计算机软件是发达国家的长项，是中国的短项；而民间文学则是大多数发达国家的短项，是中国的长项，如果从本国经济利益考虑，我国最应积极出台的，是民间文学保护办法。

《花木兰》的上映，无疑触痛了我国民间文学艺术工作者和知识产权界学者的神经。

2003年，联合国教科文组织通过了《保护非物质文化遗产国际公约》，我国于2004年8月28日决定批准公约，成为第6个加入该公约的国家。这进一步促使知识产权学者加快对民间文学艺术保护的研究。

自20世纪90年代开始，国家版权局在其他部委的支持下，于1996年起草了《民间文学艺术作品著作权保护条例》第一稿，该稿得到了世界知识产权组织的肯定；2002年后，又在第一稿的基础上起草了《条例》第二稿。之后，国家版权局多次召开研讨会征求社会各界意见，以推进该工作进程。现在，民间文学艺术作品著作权保护的立法工作已经列入国务院立法计划当中。

民间文学艺术的保护是个世界性难题。传统工艺、民间传说、土著礼仪及地方视听表演艺术等民间文学艺术，因为是世代传承的、依附部族的，其创作主体具有不确定性，创作具有动态性，难以通过现有的著作权或其他知识产权提供有效的保

护。因此，虽然世界知识产权组织和联合国教科文组织在保护民间文学艺术上付出了很多的努力，但仍未收到理想效果。

国际上没有成熟的可借鉴的先例，并不代表民间文学艺术就失去了保护的价值。2007年，汇集学界精英的知识产权"南湖论坛"以"非物质文化遗产的知识产权保护"为主题，引领着中国的知识产权学者向这一领域进行深入探讨。经过广泛的交流、沟通，学者们对于民间文学艺术保护的重要性渐渐地达成一致。

大家普遍认识到，民间文学艺术的保护不仅仅是一个文化传播问题，更是一国利益的维护问题。在国际舞台上，当民间文学艺术的保护有了法律依据后，我们就增加了和发达国家进行谈判的筹码，当西方国家一味地要求我们提供知识产权强保护以维护他们利益的时候，我们也可以要求民间文学艺术的强保护，让这些贪婪的利益窃取者付出应有的成本，或者在其他方面作出妥协和让步。对于发达国家来讲，知识产权是维护自身利益，攫取发展中国家资源的工具，那么，我们也要利用民间文学艺术保护这一利器，维护自身利益，获得更多的话语权。

2010年1月，来自中国和欧盟的70余位知识产权专家、学者，在美丽的冰城哈尔滨，围绕民间文学艺术保护的关键问题展开了热烈的讨论，并就特殊保护模式达成了一致。

◇ 2007年4月21日，"非物质文化遗产保护与知识产权"国际研讨会在武汉召开。（中南财经政法大学 供）

第五节 | 我们现在缺的是运作经验

2006年5月26日下午，中共中央政治局举行第三十一次集体学习，中共中央总书记胡锦涛主持此次学习。这次学习以国际知识产权保护和我国知识产权保护的法律和制度建设为题，进行讲解的是在知识产权学界被称为"北郑南吴"的中国社会科学院郑成思研究员和中南财经政法大学吴汉东教授。

"在知识经济时代，知识财产与有形财产相比，知识财产更为重要。"郑成思老师开篇便点明了知识产权制度的重要性。在对知识产权的基本概念和主要制度构成作了简要论述后，郑成思老师逐一介绍了以美国、欧盟、日本、印度和韩国为代表的几个主要国家的知识产权发展概况，分析了几大国际公约的特征，特别是世界贸易组织TRIPs协议所独有的争端解决机制，最后指出了我国面对的压力、挑战和机遇。"TRIPs协议已阻断了我们'仿、靠、冒、盗'的机会，这就逼着我们的企业去自主创新。从这个角度看问题，TRIPs协议对我们的'不公平'，则有可能转化为我们的机遇。"

吴汉东教授则主要介绍了建立知识产权制度的积极作用。"20世纪80年代初期，世界富豪的前10名，几乎都是石油大亨、汽车大王等工业经济时代的骄子，而今天稳居前列的却是电脑奇才、芯片专家这些'知识新贵'。靠知识致富的比尔·盖茨不仅连续5年排名世界首富，而且他的微软公司造就了超过美国通用公司3倍的市值以及2000多个百万富翁。但是，知识要成为财富，成为知识创造者控制和享有的财产，有赖于国家法律的确认与保护。知识财富的法律化、权利化的形态就是知识产权。"

吴汉东教授认为，知识产权具有多重的价值目标和制度功能，从个人层面而言，知识产权是知识财产私有的权利形态。正如比尔·盖茨和微软的无形财富。从国家层面而言，知识产权是国家的一项公共政策，所以日本、韩国和印度等国纷纷制定出台本国的知识产权战略。从国际层面而言，知识产权是国际贸易体制的基本规则，所以我们在加入世界贸易组织时，必须要遵守TRIPs协议的规定。

中央政治局各位同志认真听取了他们的讲解，并就有关问题进行了讨论。胡锦涛总书记最后发表了重要讲话，他指出，加强知识产权制度建设，提高知识产权创造、运用、保护和管理能力，是增强自主创新能力，建设创新型国家的迫切需要，要从五个方面认真做好知识产权的推进工作，并特别强调，要抓紧制定并实施国家知识产权战略。

在我国知识产权学术的发展史上，中共中央政治局第三十一次集体学习占据了非常重要的位置。从郑成思和吴汉东两位老师讲课的内容上，我们可以看到，他们已不再仅仅是对知识产权基本法律知识的讲述，而更多的是对知识产权制度功能的分析，对他国经验的借鉴，对我国如何利用知识产权制度应对国际国内形势发展的挑战，提升国家整体实力的建议。或者说，我国知识产权学者的研究已经跳出法律框架，从公共政策和产业发展等角度考量整体知识产权制度，为国家制度完善和产业发展提供法律保障。

美国斯坦福大学教授John Barton有句名言，发展中国家与发达国家在知识产权方面的差距，不在于制度本身，而在于制度运作的经验。现在，学者们已经认识到在我国在运用知识产权上经验的欠缺。

为了尽快从战略层面推动我国知识产权制度的整体完善，2002年8—9月，郑成思带着两位学生徐家力、唐广良去日本，了解日本推进知识产权国家战略的情况。郑成思先后拜访了日本特许厅（柜当于中国国家知识产权局）、国际贸易委员会、律师、专利代理人等，还见到了被称为"日本知识产权第一人"的中山信弘（东京大学法学部教授），对日本的国家知识产权战略进行详细了解。回国后，在2002年底，郑成思组织召开了一个规模很大的研讨会，研讨日本制定知识产权战略问题。会后，中国社会科学院往国务院写了一份报告。

在各方的推动下，2005年1月，国务院成立了以吴仪副总理为组长的国家知识产权战略制定工作领导小组。在战略制定过程中，国内的诸多学者也开展了实务型的知识产权战略研究，吴汉东教授撰写的《知识产权制度运作：他国经验分析与中国路径探索》，胡开忠撰写的《入世后中国版权国际化的战略调整》，冯晓青撰写的《企业知识产权战略》，朱雪忠撰写的《知识产权协调保护战略》等文章和著作在政府和产业内引起了广泛的关注。

2008年6月5日，国务院颁布实施了《国家知识产权战略纲要》。战略实施两年来，在提高知识产权保护水平，增强企业核心竞争力，提升社会整体创新能力方面取得了显著的成效。但是，我国的知识产权学者并未有丝毫松懈，他们仍然在时刻关注着国家知识产权事业的发展，用自己的聪明才智为国家知识产权事业的发展保驾护航。

第九章 国际版权合作与交流

题记

　　中国高度重视并积极参与国际社会的版权合作与交流。对外版权关系的正常化，加强了中国在国际版权领域的地位。通过与国际组织的良好合作，中国可以充分享受国际公约赋予各成员国的有关权利，同时也积极承担相应的国际义务。早在1980年6月，中国便加入了世界知识产权组织，成为其第90个成员国，正式成为国际知识产权大家庭的成员。中国已经加入了世界知识产权组织管理的所有版权条约，成为其重要成员国，我国的版权保护整体水平达到了国际通行标准。中国用不到30年的时间，建立了与国际社会相衔接的版权保护法律体系。在发展与国际知识产权组织的良好合作关系的同时，中国政府积极推进知识产权双边交流与磋商，加强与各国在版权保护领域的合作，先后同美国、欧盟、日本、韩国、泰国、俄罗斯、越南等国家及部分国际权利人组织签署了谅解备忘录、战略框架合作协议，推进建立良好的版权合作国际关系，切实维护国际利益。

第一节｜伯尔尼联盟的第93个成员国

一、伯尔尼的呼唤

"……我们已看到了曙光，希望不久会看到太阳。"

这是来自伯尔尼的呼唤，是国际版权大家庭对一个东方文明古国和大国的呼唤。

1985年1月底2月初，时任新闻出版署副署长、党组副书记的刘杲率中国代表团（沈仁干、黄贞为团员）以观察员的身份，先后出席了世界知识产权组织召开的关于版权和邻接权发展合作常设委员会会议和联合国教科文组织召开的政府间专家会议。这是中国版权代表团第一次参加这两个重要的国际组织的会议，受到了两个国际组织高规格的接待。

刘杲在其《我国加入国际版权公约的前前后后》一文中回忆说，由于中文不是工作语言，两个国际组织都特别为中国代表团的发言安排了同声传译。在两个会议的发言中，刘杲在介绍了中国起草版权法的进展情况之后明确表示："在我国版权法制定以后，我们将会积极考虑加入国际版权公约的问题。"中国制定版权法的进展情况和中国对加入国际版权公约的积极态度，受到了与会各国代表的热烈欢迎。时任世界知识产权组织总干事的鲍格胥博士说："中国代表的发言很好，我们已看到了曙光，希望不久会看到太阳。"

这是国际版权大家庭对中国加入国际版权组织及其国际版权公约的期盼！

在诸多的国际版权公约中，于1886年9月9日在瑞士伯尔尼签定的《伯尔尼公约》可以说是当今世界上最早最有影响的一部国际版权公约。19世纪，西欧尤其是法国涌现出许多大文学家、大艺术家，他们创作的大量脍炙人口的作品流传到世界各地，这些国家也就相应地开始重视版权的国际保护。1878年，在巴黎成立了国际文学艺术协会。1883年，该协会将一份经过多次讨论的保护版权的国际公约草案交给瑞士政府。1886年9月9日，瑞士政府在伯尔尼举行的国际文学艺术协会第三次大会上通过了该协议，并定名为《伯尔尼公约》。这就是世界上第一个国际版权公约，所有参加这一公约的国家组成一个联盟，称伯尔尼联盟。

《伯尔尼公约》的产生，标志着国际版权保护体系的初步形成。美国也派代表参加了1886年大会，但当时美国的出版业远不如英法等欧洲国家发达，参加公约对美国不利。美国代表便以该条约诸多条款与美国版权法有矛盾，得不到美国国会的

批准为借口，拒绝在公约上签字，直到1989年3月1日才参加伯尔尼联盟，成为第80个成员国。

1986年9月，伯尔尼公约100周年庆典在瑞士举行，此时的中国还不是《伯尔尼公约》的成员——这意味着中国还未融入国际版权大家庭。刘杲带领中国版权代表团参加了这次会议。9日，在伯尔尼举行的庆祝大会上，鲍格胥博士在致词中特别提到，现在世界上还有3个大国没有加入《伯尔尼公约》，他们是中国、美国和当时的苏联。

可以说，鲍格胥再次发出了世界版权大家庭对中国的期待和呼唤！

二、中国，为加入国际版权大家庭而"沐浴更衣"

1978年12月，中共十一届三中全会胜利召开，春回神州大地，中国进入一个新的历史时期。改革开放的中国，以积极姿态处理国际版权事务并为融入国际版权大家庭而不断努力。

制定版权法，加入国际版权公约，实现对外版权关系正常化，已经成为中国的明确目标。

1985年6月24日，中共中央书记处会议讨论了中宣部关于我国加入国际版权公

◇ 1986年9月，新闻出版署副署长刘杲（左二）率领的中国版权代表团一行，在日内瓦鲍格胥博士家中做客。（沈仁干 供）

约的请示报告。会议认为，我国应当加入国际版权公约，以有利于我国的社会主义
国家形象，有利于加强对外宣传工作，促进中外文化交流和对外开放政策的执行，
引进大量的文化教育和科学技术信息。

这是一个战略性的决定。

1989年5月，刘杲在赴美考察回国后的报告里这样说道："由于我国一直不具备
完整的正式的著作权保护制度，一旦实施著作权法，广大人民群众和各级各类单位
需要一个适应、调整的过程"，报告提出"可以在著作权法实施后有一个调整期"。
也就是说，即使在版权法实施之后，加入国际版权公约也还需要一段时间做好准备
工作。

1990年9月7日，第七届全国人民代表大会常务委员会第十五次会议通过了《中
华人民共和国著作权法》。9月13日，刘杲在北京主持了新闻发布会，他说："我们非
常重视同外国的著作权关系的正常化。著作权法的实施将是向前跨出的重要的一步，
为我们逐步实现涉外著作权关系正常化提供了法律依据。中国坚持实行对外开放的
基本国策，一贯主张在和平共处五项原则的基础上同世界各国广泛开展经济、技术
和文化方面的交流。这是我们处理涉外著作权关系的基础。我们将依照我国同外国
签定的协议或者共同参加的国际条约，对外国人在中国境外发表的作品的著作权予
以保护。"

◇ 1985年8月，邓小平会见英国培格曼公司董事长马克斯韦尔一行。（国家版权局版权管理司 供）

1991年5月30日，《中华人民共和国著作权法》实施前夕，刘杲在接受中央电视台采访时讲道："我们要尽快实现涉外著作权关系的正常化。这符合我国对外开放的基本国策。我们即将同有关的国际组织联系，就中国加入国际著作权公约的有关的问题进行正式磋商。"

1991年6月，中国版权法开始实施，中国加入版权公约的问题从而提上日程。

1991年9月，经国务院批准，刘杲、裘安曼、高航等组成中国版权代表团前往日内瓦，就中国加入《伯尔尼公约》问题，与世界知识产权组织进行磋商。据刘杲回忆，在日内瓦，除了世界知识产权组织有关版权的几位司长与中国版权代表团具体磋商以外，时任世界知识产权组织总干事的鲍格胥博士也亲自参与，先后3次会见代表团。代表团的一个重要成果，是鲍格胥博士以给刘杲信件的形式，把双方磋商一致的各点加以确认。鲍格胥信件的主要内容如下："我认为我们的讨论极为有益，它使中国准备加入和执行《伯尔尼公约》的所有重要问题得到澄清。我们一致认为：中国加入伯尔尼公约是必要的，对中国和国际版权社会都有利；中国可以在其1990年9月7日通过的版权法的基础上加入公约；尽早决定加入和提交加入书是合适的，与其等待采取这些步骤，不如为公约在中国生效确定一个长于3个月的过渡期；公约在中国得到妥善和顺利实施的条件，能够得到保障；追溯力问题同样不会带来任何困难。"这是总的概括。至此，中国加入《伯尔尼公约》的道路已经明朗，没有障碍，就看何时启动了。

几乎与此同时发生的另一个重大事件，加速了中国加入国际版权公约的进程，这就是中美知识产权谈判。1992年1月17日，在长达近一年时间的8轮谈判后，中美双方签署了《中美备忘录》。备忘录确认，中国政府将于1992年4月1日前向立法机关提交加入《伯尔尼公约》的议案，并尽最大努力使该议案于1992年6月30日前获得通过。随后，中国政府将向世界知识产权组织提交加入书，于1992年10月15日前生效。

三、这一天，伯尔尼联盟覆盖人口陡增百分之五十

《中美备忘录》的签署，从某种意义上讲，成为了中国加入国际版权公约的催化剂。

1992年5月27日，国务院向全国人大常务委员会递交了关于提请审议我国加入《伯尔尼公约》和《世界版权公约》的议案。6月，在第七届全国人大常委会第二十六次会议上，时任国家版权局局长宋木文受国务院的委托，就建议我国加入两个国际版权公约的议案作了说明。《说明》指出："1991年5月以来，我国政府部门发言人已在不同场合宣布中国将参加国际著作权公约。在1992年1月签署的中美关于保护知识产权

的谅解备忘录中，我方已经明确承诺政府将争取立法机关在1992年6月底以前同意加入《伯尔尼公约》。因此，加入公约已是我国应履行的双边协定的义务。"

1992年7月1日，第七届全国人大常委会第二十六次会议讨论通过了加入两个国际版权公约的议案。表决的情况是：到会委员117人，赞成的115人，弃权的2人，没有人反对。随后全国人大常委会发布了我国加入伯尔尼公约的决定。1992年7月10日，我国常驻日内瓦联合国机构代表向世界知识产权组织总干事递交了我国加入《伯尔尼公约》的申请书。1992年7月15日，时任世界知识产权组织总干事的鲍格胥博士致函我国外交部钱其琛部长，告知《伯尔尼公约》将于1992年10月15日在中国生效。世界知识产权组织于同一天发出《伯尔尼公约140号通知》，宣布中国已成为《伯尔尼公约》的成员，并享有该《公约》附件第2条和第3条规定的权利，该《公约》将于1992年10月15日在中国生效。

1992年9月14日，中共中央总书记、国家主席江泽民在中南海会见了鲍格胥博士，会见中鲍格胥表达了对中国加入《伯尔尼公约》这一重要的历史步伐的赞赏，他动情地对江泽民主席说："今天，伯尔尼联盟的人口有25亿。92个成员国的公民共同生活在这个联盟之中，一般说来，直到1992年10月14日，这个人口数字不会改变。然而，当时钟的分针刚指向这一天的时候，伯尔尼联盟的人口将猛增到37亿—38亿，因为中国的人口在12亿—13亿之间，而《伯尔尼公约》于1992年10月15日在中国生效。一天之内，人口陡增百分之五十，这在伯尔尼联盟106年的历史上还未曾有过，而且，以后也许不会再有。这是一个极其重要的历史时刻。它对全世界来说，都是一件值得高兴的意义非同凡响的大事。"

1992年9月21日，在世界知识产权组织第23次大会上，鲍格胥博士在大会讲话中宣布了中国加入《伯尔尼公约》的消息，受到与会各国代表的热烈欢迎。刘杲回忆，9月28日，鲍格胥博士在日内瓦湖边一家古老的饭店里，为庆祝中国加入《伯尔尼公约》举行了晚宴。当晚应邀出席宴会的有中国代表团全体成员和在世界知识产权组织任职的全体中国官员。世界知识产权组织几乎所有的司长及其以上的高级官员都出席作陪。这样的礼遇，不仅说明了他们对中国加入《伯尔尼公约》的高度重视，也说明了他们对中国人民的友好情谊。

至此，中国，这一古老的文明大国，成为《伯尔尼公约》的第93个成员国，终于完成了融入国际版权大家庭的历史性一步！

中国加入《伯尔尼公约》，用十多年的时间走完了一些国家用几十年甚至上百年的时间走完的路程，这不论对于发展中的中国而言，还是对整个国际社会而言，都堪称是一个大事件。对这一点，世界知识产权组织和国际版权界给予了高度评价。1992年9月中旬，在北京中国版权制度国际讨论会开幕式上，鲍格胥博士在致词中说，

中国加入《伯尔尼公约》"是极为重要的历史性事件。这对于中国的文化、科学及社会发展，对于希望在全世界实现对文学艺术作品给予合理及有效保护的整个国际社会而言都是一件好事"。

加入《伯尔尼公约》之后，中国又相继加入《世界版权公约》（1992）、《保护录音制品制作者防止未经许可复制其录音制品公约》（1993）、TRIPs协议（2001）、《世界知识产权组织版权条约》（2007）、《世界知识产权组织表演和录音制品条约》（2007）。至此，中国用不到30年的时间加入了6个国际版权相关条约，建立了与国际社会相衔接的版权保护法律体系。

◇ 1998年10月，世界知识产权组织、国家版权局版权新条约亚太地区研讨会在上海召开。（国家版权局版权管理司 供）

第二节 | "入世" 与Ets、Gmac诉新东方学校案

许多人可能都还记得世纪之交的那场旷日持久的长达15年的中国加入世界贸易组织谈判。那个时候,"入世"几乎成了中国人妇孺皆知的词语。美国一位著名经济学家曾感慨,中国加入世界贸易组织的谈判,可能是20世纪最复杂、最艰苦的一场国际贸易谈判。

在经历了长达15年的艰苦谈判后,2001年12月11日,中国加入世界贸易组织的所有法律文件在日内瓦获得通过,长达数年的"复关、入世"之路划上圆满句号,中国正式加入了世界贸易组织。

这是一个历史性的日子。加入世贸组织是中国政府在经济全球化的形势下所作出的战略决策,是与中国改革开放和建设社会主义市场经济体制目标一致的行动。中国加入世界贸易组织,对中国和世界来说,迎来了一个"多赢"的局面。

加入世贸组织,也意味着中国开始享受和履行一个重要的包含版权保护在内的TRIPs协议所规定的权利和义务。

◇ 2006年9月5日,国家版权局与世界知识产权组织合作在北京举办第一届国际版权论坛。(国家版权局版权管理司 供)

中国"入世"不久，就发生了一起著名的知识产权案件，有人把它称作"中国加入世贸组织后的第一起知识产权侵权案"。此案，因为它的原被告的广泛知名度，而为大众所知。此案的原告是美国Ets和Gmac，被告是当时（直至今日）大红大紫的北京新东方学校。

　　北京新东方学校成立于1993年，是一家以外语教学和留学指导为主的民办教育机构。本案的原告是美国教育考试服务中心(Ets)和研究生入学管理委员会(Gmac)。美国教育考试服务中心(Ets)主持开发了进入美国大学本科和研究生院所需的托福考试(Toefl)和研究生入学考试(Gre)。研究生入学管理委员会(Gmac)主持开发的研究生工商管理硕士入学考试(Gmat)是赴美攻读研究生学位的一项重要考试。这两个考试服务机构的考试试题均在美国国家版权局进行了登记，Toefl、Gre以及Gmat作为商标也在中国核准注册。

　　20世纪90年代起，Ets和Gmac调查发现，北京新东方学校非法复制它们的考试试题。于是，2001年，就在中国"入世"之年，Ets和Gmac在北京起诉了新东方学校。

　　北京第一中级人民法院2003年9月作出一审判决。判决认定，Ets和Gmac 的考试试题在美国进行了著作权登记，而且受到中国著作权法的保护，新东方学校未经许可复制考题，并以出版物的方式在网上公开销售，侵害了Ets和Gmac的著作权。美国原告指控新东方学校侵犯其著作权、商标权事实成立。法院判决新东方学校立即停止侵权，赔偿经济损失等，并在《法制日报》上公开道歉。

　　新东方学校对一审判决不服，提出上诉。由于这是中国加入世贸组织后在中国境内提出的第一起涉及知识产权侵权的案件，因此引起人们的广泛关注。北京高级法院2004年12月27日作出终审判决，判决北京新东方学校向美国两大考试服务机构支付640万元人民币的赔偿。

　　Gmac对北京高等法院的判决感到欣慰，该委员会时任总裁兼首席执行官戴维·威尔逊说："判决显示了中国法庭保护知识产权的强烈意愿。从Gmac和Ets等考试服务机构的角度来看，这是中国法庭第一次就中国的著作权法是否保护标准化考试和考试试题作出判决，法庭毫不含糊地作出了肯定的判决。"

　　Ets在中国的媒体顾问梁启春说，这项判决也使中国考生获益。他说，侵权行为得到制止，使考生在竞争中处于平等的地位，同时也使考分的真实性进一步加强。

他说："中国考生的分数的完整性和有效性得到加强，因为中国知识产权的状况改善之后，国外学校对中国考生的信心可能会得到进一步加强。"

终审判决下达后，北京新东方学校也做出了积极友善的回应。新东方教育科技集团发布一份书面声明，表示将充分尊重法律的公正判决。声明还说，在此案件长达三四年时间的诉讼过程中，新东方学到了很多，也加大了对知识产权的尊重和规范使用的力度。声明还说，新东方从不否认在创建之初的几年在版权问题上确实有过错误，但自从2001年2月Ets起诉新东方后，新东方领导层作出了彻底告别盗版、规范知识产权使用、寻求与Ets长期合作的决定。

此后的新东方也以实际行动和真诚努力，表明着他们的追求：要努力架起中西方文化和人才交流的桥梁，要成为中国市场上保护知识产权的先行者——新东方彻底杜绝了盗版资料的复制和传播，从美国进口原版Gmat复习资料，并以低于成本的价格卖给学生，同时还投资设立国内第一个英语研发中心，自主研究开发了具有自主独立知识产权的托福和研究生入学考试试题。

这是中国加入世贸组织后的第一起知识产权侵权案，它的判决一方面显示了中国保护知识产权的决心，加大了著作权保护的宣传；另一方面也使外国公司和机构在中国开展业务更加具有信心。

第三节┃中国与世界知识产权组织合作30年

　　1980年6月3日，中国正式成为世界知识产权组织第90个成员国。2010年6月3日，是中国加入世界知识产权组织30周年纪念日。30年来，中国知识产权事业蓬勃发展，取得了举世瞩目的成就。中国已经加入了世界知识产权组织管理的所有版权条约。中国，已成为世界知识产权组织的重要成员国。

一、不能不说的鲍格胥博士

　　在中国制定版权法、参加国际版权公约、参与国际版权合作和版权交流的过程中，相关国际组织，特别是世界知识产权组织和历任世界知识产权组织总干事都给了中国有力的支持和帮助。这里，我们不能不提到曾经担任过世界知识产权组织总干事的鲍格胥博士。

　　在中国，多位版权制度的创立者、奠基者、亲历者都深情提到了这位博士总干事。

　　2008年，在中国改革开放30周年之际，第九届全国政协副主席、中国知识产权制度

◇ 1989年10月31日，在版权法草案报送全国人大常委会后，新闻出版署署长宋木文（右）在北京宴请世界知识产权组织总干事鲍格胥博士。（宋木文 供）

创建人之一的任建新同志在《踏上知识产权新大陆》一文中，以"难以忘怀的老朋友"为题，深切回忆了鲍格胥博士。他说："岁月流逝，每每忆及中国专利制度的建立，我都会想到一个人——鲍格胥。他对中国非常友好，直到他1997年退休，24年如一日，热情关注中国知识产权制度的建立和发展。在我们这个制度建立和发展初期，他能够给予如此大的支持和帮助是十分难能可贵的。中国的知识产权由一片近乎荒芜的土地变成了欣欣向荣、百花盛开的园地，并且对国家的科技进步和经济文化的发展起着日益明显的作用。看到这一切，我首先想到的是要特别感谢功成身退的世界知识产权组织已故前总干事、我的老朋友鲍格胥先生。"

在该文中，任建新特别提到一件至今让他难以忘怀的事情。1979年10月，鲍格胥应任建新邀请，首次到北京访问。不料，飞机在雅典转机时发生事故，鲍格胥幸运地从燃烧的飞机中脱险，但随身行李尽失，折回日内瓦。当时鲍格胥博士已逾60高龄，世界知识产权组织的职员在为他庆幸的同时，认为他暂时不可能再来中国。没想到几天后，鲍格胥重新收拾行装再次登程。他的夫人力阻无效，决定陪他同行。鲍格胥博士因公出访很少携夫人，此次也算是作为妥协的条件，换得夫人不阻止他访问中国。自此以后，鲍格胥几乎每年都来中国一次，每次都会受到中国党和国家领导人的接见。

任建新特别提到，在我国筹备建立专利制度的那段日子里，鲍格胥给了我们相当大的支持和帮助。当时我们组团出国考察，他给了大笔经费支持。我国在起草专利法的整个过程中，曾多次征求鲍格胥的意见，他每次都很认真地提出了很多有价值的修改意见。后来，有人说中国专利法有不足的地方。鲍格胥说："中国专利法才多少年，比你们国家走得快多了啊，你们走了上百年，中国才十几年啊。"

还有一件事不能忘怀，那就是鲍格胥在支持"一个中国"上的坚定立场。1973年初，世界知识产权组织邀请中国派观察员参加于年底在日内瓦召开的世界知识产权组织领导机构第四次系列会议，可以说这是一个具有重大历史意义的邀请函。世界知识产权组织表示，中国可以先出席会议，了解有关情况，然后再考虑是否加入世界知识产权组织。

中国国际贸易促进委员会向国务院写了报告，周总理很快批示说应该参加。受中国贸促会的委派，任建新率观察组赴日内瓦参加了这次对我国建立专利制度乃至知识产权制度具有重大历史意义的会议。这是中国政府第一次派代表参加有关知识产权的国际会议，也是世界知识产权组织商讨在一年后正式成为联合国专门机构的一次非常重要的会议。

当时，正值世界知识产权组织换届，鲍格胥在此次大会上接替波登豪森当选世界知识产权组织总干事。国民党派驻梵蒂冈的所谓"大使"也企图参加会议。任建新立刻同他们交涉说，台湾是中国不可分割的一部分，无权代表参加。世界知识产权组织新老总干事商量后，认为中国的意见是合理的。于是，在请任建新等代表中国参加此次会议的同时，他们果断拒绝了国民党代表的无理要求。这一历史性的重大事件，引起了媒体的广泛关注，日内瓦的报纸就此事在醒目位置纷纷作了报道："北京中国代表参加大会，

台湾代表灰溜溜地走了。"

鲍格胥作为新当选的总干事，希望中国能够尽快加入世界知识产权组织，并且说不仅要成为该组织的正式成员，还希望中国派人担任该组织的高级官员职务。

宋木文也多次深情地讲述鲍格胥对中国的支持。2008年岁末《中国版权》杂志对宋木文进行了独家专访，刊发了题为《宋木文：八秩老局长谈30年版权人和事》的文章。在此文中，宋木文深情地回忆起了鲍格胥。他说，"三十多年来，我国版权事业能够取得今天这样的成就，靠国内多方面人士的共同努力，又是与国际组织、国际友人的友好合作分不开的。我对这些中外人士身怀感激与尊敬之情"，"此时，我不能不谈到两个人：一个是从1972年就同我在一起共事的刘杲，一个是我在岗时任世界知识产权组织总干事的阿帕德·鲍格胥。""鲍格胥从20世纪80年代初起，二十多年来，为中国的版权立法、培训版权人员和扩大中国版权界的国际合作，殚精竭虑，感人至深。作为国际组织的总干事，他在促进中国版权立法要符合国际公约基本原则的同时，也很重视中国国情，把'是否与中国的文化、社会与经济目标相适应'，作为与中国同事商谈版权立法的原则。这是他对中国的尊重，更是他的明智之举，成为国际合作的典范。我与他个人关系也很好。出于尊重，我称他为兄长和版权老师。他于2004年辞世，我发去唁电，表示哀悼"。

在中国制定版权法和加入《伯尔尼公约》等国际版权公约的20世纪90年代前后，时任国家版权局副局长的刘杲，可以说更是与鲍格胥"亲密接触"。

◇ 2009年法兰克福书展期间，新闻出版总署署长、国家版权局局长柳斌杰（右三）视察中国版权服务站并与工作人员合影。（国家版权局版权管理司 供）

　　刘杲回忆，1991年9月，他和裘安曼、高航组成中国版权代表团前往日内瓦，就中国加入《伯尔尼公约》问题与世界知识产权组织进行磋商。9月下旬正是世界知识产权组织每年一次的成员国大会开会期间，也正是鲍格胥一年当中最忙的时候。在这个时候，鲍格胥亲自参与磋商，并且3次会见代表团，可见他对中国加入《伯尔尼公约》多么重视。

　　1993年，中国国家版权局与世界知识产权组织合作出版大型纪念专刊《中国与世界知识产权组织合作二十年（1973—1992）》，专刊由时任国家主席江泽民题写书名。这本双方共同编辑、中英文对照、瑞士制版北京印刷的大型纪念专刊，详尽地介绍了中国知识产权各部门20年来同世界知识产权组织友好合作的历史和成就。鲍格胥在此专刊中这样写道："中国代表团在世界知识产权组织总部的出现，是一件令其他国家和世界知识产权组织总干事十分关心并予以欢迎的事，而且他们希望在这之后，中国在知识产权的国内和国际保护方面会有积极的变化。"

　　1994年3月23日，鲍格胥博士第15次访华，期间，中国国家副主席荣毅仁会见了他。鲍格胥博士说："中国政府是有眼光的。前几年解决了知识产权的立法问题，很快就加入了保护工业产权和版权的国际公约。在中国复关问题上就主动了，所以得到了大多数国家的支持。中国目前的工作除了要进一步完善立法，还要加强著作权法的实施。中国对知识产权已进行了明智的投资，会有光明的未来，我衷心祝愿。"他还客观、公正地说："采取不耐心的态度是不好的。知识产权有200年历史的国家，不应要求一个国家15年时间就达到国际公约的保护水平。我一有机会就劝他们要有耐心。一个国家经济发展与法制建设应当同步。中国的市场经济还不完善，不能期望中国的市场原则和市场经济发达的国家一样有效。我会劝说这些国家在这方面要有耐心。"

二、加利：中国在版权领域的进步有目共睹

　　鲍格胥博士的故事，只是中国与世界知识产权组织、联合国教科文组织等国际版权组织友好交往的一个缩影。30年来，世界知识产权组织等国际版权组织在中国组织了多个培训班、研讨会等，对促进中国的版权保护和版权事业发展、对促进中国的国际交流与合作起到了重要作用。

　　特别是近年来，国家版权局与世界知识产权组织在版权领域的交流合作进一步拓展：国家版权局与世界知识产权组织连续4年在北京举办国际版权论坛，联合在中国开展版权相关产业的经济贡献调研项目和中国南通——世界知识产权组织版权保护优秀案例示范点调研活动；2008年、2010年两次联合开展了世界知识产权组织版权创意金奖评奖及颁奖活动；还共同举办了多次专题会议以及教育培训等活动。

　　2008年10月刚刚当选世界知识产权组织总干事的弗朗西斯·加利也十分重视与中国的合作，他曾数度来华访问，并在多种场合表示，中国与世界知识产权组织联系密切，

高度评价中国政府在知识产权保护领域所作的各种努力。

中国党和国家领导人也多次会见加利总干事。2009年4月1日，中国国务院总理温家宝在北京中南海紫光阁会见了加利先生。温家宝在会见时说，保护知识产权不仅是经济发展和国与国交往的需要，也是对人们劳动价值的尊重。中国政府将不断加强知识产权保护工作，实施知识产权战略，以促进科技创新、经济发展、文化繁荣和社会进步。加利高度评价中国在保护知识产权方面取得的巨大进步，表示世界知识产权组织愿与中国一道为推动全球知识产权保护作出贡献。

2010年11月，北京市市委书记刘淇、国务院副总理王岐山分别会见了来京出席国际版权论坛的加利先生。刘淇和王岐山都表示，要继续与包括世界知识产权组织在内的国际组织加强合作与交流，共同促进知识产权保护工作。

2009年4月20日上午，2009年全国知识产权宣传周暨第9个世界知识产权日在奥林匹克公园庆典广场启动。通过大屏幕，加利对中国公众说："我们注意到，中国的发展比其他国家要快得多，这是令人瞩目的。中国的快速发展，改变了世界创新的版图，也极大地影响了其他国家"，"中国在这么短的时间，在知识产权领域所取得的成就，使全世界都备受鼓舞。"

2009年7月3日，新闻出版总署署长、国家版权局局长柳斌杰会见了加利总干事。在会见中，柳斌杰署长表示："中国不仅是版权创造大国，也是勇于承担义务和责任的大国，针对新媒体等领域出现的新盗版问题，中国将下大力气整治。"加利总干事对此表示赞同，并着重指出，"中国是知识产权大国，中国在版权领域的进步有目共睹，在国际版权领域中扮演着重要角色。我为与中国之间的良好合作感到骄傲。目前世界上出现了许多知识产权保护方面的新问题，需要包括中国在内的世界各国共同面对。"

第四节 | 中美之间：争议中的合作

一、烽烟初起　大国交锋

中国的对外版权关系主要对象之一是美国。我国进入改革开放新时期以来，最早对我国提出版权保护问题的便是美国。

中美知识产权保护之问题最早可见于1980年的《中美贸易协定》，该协定第6条规定，每一方提供的专利、商标和著作权的保护，应与对方给予自己的此类保护相适应。此后三十几年中，在中美经贸关系迅速发展的同时，两国在知识产权领域的争议也日渐浮出水面，并且爆发过多次争端，尤其自20世纪80年代中期以来，中美知识产权之争更是多次剑拔弩张，引起世界的广泛关注。

1988年4月，美国《综合贸易与竞争法》刚刚通过，美国政府就试图对中国适用"特殊301条款"，1989年，美国便把中国列入该条款的观察名单。为此，1989年4—5月，中美两国代表曾就知识产权问题进行过磋商，并于1989年5月19日在华盛顿达成了一个《谅解备忘录》。在该备忘录中，中国政府承诺，中国将制定符合国际惯例的版权法，其中计算机程序将作为特殊种类的作品予以保护；中国将修改专利法，以延长专利保护期限和扩大专利保护范围；中国将参加一些保护知识产权的国际公约等。

二、一场令全世界瞩目的知识产权博弈

在20世纪90年代初期，一件事情让很多国民意识到了"知识产权"的重要性，尽管当时他们对"知识产权"这个词汇还并不怎么了解。

这就是1991年2月—1992年1月，持续了近一年之久、先后进行了8轮谈判的中美知识产权谈判——一场令全世界瞩目的知识产权博弈。

中美知识产权谈判从1991年2月开始。中方由经贸部牵头，有关部门参加，吴仪同志担任团长。美方是美国贸易代表处牵头，有关部门参加。这次谈判的起因是，美国贸易代表宣布，将中国从美国贸易法"特别301条款"的"重点观察名单"升至"重点国家名单"，他们认为美国与中国已经举行的多次双边谈判没有在知识产权保护方面取得进展；中国缺乏对美国知识产权充分有效的保护；中国知识产权法律落后，缺乏对不正当竞争的制裁等。

从2月份开始的谈判几经周折，相持不下，时间上已从这年的初春迈入了寒冬。1991年12月下旬，国务院决定增派专利局高卢麟和版权局刘杲为副团长参加谈判。1992年1月，第8轮谈判在华盛顿举行。对于美国提出的种种问题，我国政府以理性的态度予以分析，并以积极的姿态同美国进行了谈判，终于在1992年1月17日达成协议，签署了《中美备忘录》。

　　在该备忘录中，关于版权部分，备忘录在第三大部分作出了9条规定，包括：

　　中国政府将加入《伯尔尼公约》。中国政府将于1992年4月1日前向立法机关提交加入该公约的议案和尽最大努力使该议案于1992年6月30日前获得通过。该议案通过后，中国政府将向世界知识产权组织提交加入书，于1992年10月15日前生效。

　　中国政府将加入《录音制品公约》，并于1992年6月30日前向立法机关提交加入该公约的议案。中国政府将尽最大努力使该议案于1993年2月1日前通过。中国政府将提交批准书，该公约将于1993年6月1日前生效。

　　中国代表团的谈判活动是在党中央和国务院的直接领导之下进行的。中方的承诺是中央权衡利弊、统筹全局作出的重大决策。备忘录签署后，中国履行全面修改知识产权法律，提高保护知识产权水平的承诺，并于1992年下半年修订了《专利法》、《商标法》、颁布了《反不正当竞争法》。从而使中美两国避免了一场贸易大战。

　　备忘录签署后，1992年2月29日，国家版权局就关于执行《中美知识产权谅解备忘录》双边著作权保护条款发出通知。通知规定：

　　1.自1992年3月17日或3月17日之后美国政府作出同样宣布之日起，美国国民的作品受中国著作权法及有关规定的保护。

　　2.受保护的美国作品包括计算机程序和录音制品。

　　3.美国国民在中国所享著作权的内容及其受到的法律限制，与中国国民相同。

　　4.美国国民的作品，凡未超过中国著作权法规定的保护期限的，给予保护。

　　5.保护不适用于1992年3月17日或双边保护开始的另外日期之前发生的对美国作品的使用。

　　6.1992年3月17日或双边保护开始的另外日期之前开始的对美国作品的特定复制本为特定的目的的使用，在前述日期之后可以继续进行而不承担责任，条件是此种使用不无故损害著作权所有者的合法权益。

7.中国根据备忘录对美国作品的保护，至中国加入国际著作权公约后公约开始在中国生效时自行停止。

三、《中美知识产权协议》的签定

1994年6月30日，美国正式将中国列为"特别301条款"贸易报复的重点国家，进而将知识产权谈判同中国复关谈判联系在一起，声称知识产权保护不能达成协议，则它将不考虑我国的复关问题。美国方面还要求中方修改知识产权法律；允许外国知识产权机构在中国设立办事处，并保证这些办事处开展活动不受限制；取消正在实行的商标代理制；在签定知识产权保护协议后开始一个打击侵权特别实施期；甚至要求中国修改司法制度，特别是修改《民事诉讼法》中对侵权案件的审理期限和减少诉讼费用，以切实保障美国的知识产权。

中美双方再次坐到了谈判桌前。

12月15日，谈判尚未结束，美方代表便不辞而别，接着美国贸易代表坎特代表美国政府于12月31日单方面宣布，如果中国在1995年2月4日之前不能满足美方提出的有关保护美国知识产权的要求，将对中国实行贸易制裁。随之又公布了涉及中国对美国价值28亿美元的出口商品的报复清单。同日，中国对外经济贸易合作部也公布了对美国的反报复清单。

基于实施报复对双方都无利，1995年1月18日—28日和2月14日—26日，中美双方两次重返谈判桌，经过两轮艰苦的谈判，终于在2月26日达成了《中美关于保护知识产权的协议》。美方承诺终止对中国的"特别301条款"的调查和撤销对中国的报复措施，并保证为中国知识产权的执法提供技术上的援助。中方也承诺采取有效执法措施，建立相应的执法制度以加强对知识产权的保护力度。但美方要求中国改革司法审判制度等不合理要求则被中方拒绝。这一协议使双方避免了一场贸易战，同时也结束了中美关于知识产权问题长达20个月之久的磋商。

达成协议后，美国贸易代表处密切注视中国的知识产权实际保护措施，即按"特别301条款"监控协议的执行情况。1996年，中国再次被美方列为"301条款重点国家"。1996年5月，由于谈判未果，美国贸易代表宣布对华进行制裁，公布了价值高达30亿美元的初步报复清单，同日，中国外经贸部发表抗议声明，并宣布对美实施反报复清单。在一个月的激烈交锋之后，双方经过平等协商，终于在6月17日达成基本一致，宣布取消针对彼此的贸易报复措施，一场危机才又得以平息。

1996年以后，中美之间的知识产权争端处于暂时平息的阶段，平静的下面是两国知识产权博弈的滚滚潜流。美国又以各种贸易壁垒来实现其知识产权保护的目的，纺织品、电池、软件等争端不断。

四、中美知识产权WTO争端案

自1991年起，美国根据国内贸易法的"特殊301条款"，多次将中国列入"重点观察国家"甚至"重点报复国家"名单。长期以来，双方在知识产权方面的争议主要通过双边磋商的方式解决；中美之间以谅解备忘录的形式化解了双方关于知识产权保护领域的多次矛盾与摩擦。

但在2001年中国加入世界贸易组织之后，美国开始转向利用世界贸易组织多边争端解决机制解决中美知识产权争端。中美知识产权争端进入一个全新的领域和时代，由以往的被动接受单边制裁或进行双边对话方式谈判，逐渐过渡到如今的多边争端解决机制，且由美国的国内法程序转入到世界贸易组织项下的TRIPs协议和世界贸易组织争端解决程序（DSU）。中美知识产权争端世界贸易组织第一案就是在这样的背景下展开的。

中美知识产权世界贸易组织第一案，从准备到起诉，美国用了近5年的时间。早在2002年初，美国国际知识产权联盟就以中国的知识产权问题严重违反了世界贸易组织规则为由，要求美国政府起诉中国。2006年11月11日美国上议院议长致信总

统，要求立即对华提起世界贸易组织诉讼。经过半年的研究，本来是美国国内权利人对中国执法的不满，最终演变成了美国对中国立法的起诉。

2007年4月10日，美国向世界贸易组织争端解决机构提起诉求，认为中国对具商业规模的假冒产品和盗版产品的打击力度不够。在该案中，美国提出的诉求主要包括4项：（1）中国刑法对假冒商标和侵犯版权的达到商业规模的行为适用刑事程序和刑事处罚门槛过高；（2）中国海关对没收的侵犯知识产权货物的处置问题，特别是允许侵权货物在消除侵权特征后进入商业流通领域；（3）中国《著作权法》拒绝对在中国未经授权出版或传播的作品、表演和录音制品拒绝提供著作权或邻接权保护；（4）中国刑法对未经授权的复制行为和未经授权的发行行为没有分别提供刑事程序和处罚。基于以上诉求，美国认为，中国违反了TRIPs协议第3.1、9.1、14、41.1、46、59和61条，涉及的法律点包括：国民待遇、与《伯尔尼公约》的关系、对表演者、录音制品（唱片）制作者和广播组织的保护、一般义务、其他补救、救济和刑事程序。

其中，第3项指控主要针对我国2001年《著作权法》第4条"依法禁止出版、传播的作品，不受本法保护"的规定。美国认为，中国这一规定将导致尚未获准在中国出版或传播的作品无法受到著作权和邻接权方面的保护，中国采取的对外国作品的事先审查的措施，违背了中国基于TRIPs协议第3.1条、第9.1条、第14条、第41.1条所承担的义务。

2007年4月20日，中国政府致函世界贸易组织，同意美方的磋商请求。6月7日至

◇ 2006年5月，"数字环境下的版权保护研讨会"在北京举行。（国家版权局版权管理司 供）

8日，中美双方在世界贸易组织总部日内瓦进行了首次双边磋商，欧盟、日本、加拿大和墨西哥作为第三方参加了磋商，但双方未能达成共识，特别是美第三项指控，即中国著作权法拒绝对在中国未经授权出版或传播的作品、表演和录音制品拒绝提供著作权或邻接权保护，违反世界贸易组织下知识产权协议（TRIPs）规定，双方分歧最大。美方将该项指控分解为28个问题，除少数涉及著作权立法，大部分都是关于我内容审查方面的问题。中方认为，内容审查属于市场准入范畴，不属于知识产权问题，不应在知识产权理事会讨论，而应在服务贸易理事会讨论，因此，对美方的问题拒绝予以回答。美方则坚持要求中方予以回答。由于双方各持己见，磋商未取得任何进展。

2007年9月25日，按照世界贸易组织争端解决机制程序，应美方申请诉讼进入专家组程序。之后，中美双方对专家组人选进行了甄选，由于分歧过大无法达成一致，最终由世界贸易组织总干事拉米指定三位分别来自新加坡、智利和新西兰的专家组成的专家组。

2008年1月30日，美方向专家组提交了书面陈述。与磋商请求阶段的指控相比，美方撤销了第四项指控。针对美方的指控，中方进行了积极的抗辩，认为美方的指控混淆了出版、传播作品内容审查机制和著作权保护的关系，曲解了《伯尔尼公约》的有关规定，企图通过TRIPs协议途径解决非知识产权的文化市场准入问题，这种错误推论和混淆是非的做法是不能接受的。

2009年3月21日，世界贸易组织争端解决机构在日内瓦审议通过了中美知识产权世界贸易组织争端案专家组报告。最终，这场长达两年的诉讼以中方赢得绝大多数诉求的结果而终结。在世界贸易组织发布的中美知识产权争端案专家组报告中，中国在知识产权犯罪的刑事门槛问题与海关处置侵权物品问题方面的做法得到了专家组的广泛肯定，而对于在依法禁止出版、传播作品的著作权保护问题上，专家组认为，未提交审查的作品、在等待审查结果的作品、通过审查作品之未修改版本等方面，美国未能证明中国的做法不符合TRIPs协议；该裁决也不会影响中国的内容审查权；但中国对未能通过审查的作品、通过审查的作品中被删除的部分不提供著作权保护，不符合TRIPs协议和《伯尔尼公约》，中国政府要作出相应的修改和完善。

2010年2月26日，第十一届全国人民代表大会常务委员会第十三次会议通过关于修改《中华人民共和国著作权法》的决定，决定将《中华人民共和国著作权法》第4条修改为："著作权人行使著作权，不得违反宪法和法律，不得损害公共利益。国家对作品的出版、传播依法进行监督管理。"

中国按照世界贸易组织专家组报告的要求对《著作权法》进行了修改和完善，再次向世界履行了自己的承诺！

五、2008年中美版权战略合作备忘录签署

可以说，二十多年来，中美知识产权争端不断，但是最终都能得以妥善解决。中美双方在知识产权不断的博弈中，也在理性地寻找合作之路。

就连普通民众都注意到，尽管两国在知识产权问题上摩擦和斗争不断，但中美之间关于知识产权的备忘录已从"谅解备忘录"变成了"合作备忘录"。

2008年10月25日，国家版权局与美国专利商标局、美国版权局签署了《战略合作备忘录》，这标志着中美之间将建立版权双边合作的框架，通过定期交流信息和经验，共同开展培训和其他交流，增强双方在版权领域的合作。

新闻出版总署署长、国家版权局局长柳斌杰在签字仪式上表示，近年来，中国的版权保护成效显著，在版权立法、执法、社会服务、宣传教育、国际交流与合作等方面取得了较大成绩。这不仅是加强国际交流和履行国际承诺的需要，更是中国自身发展的迫切需要。中美版权战略合作备忘录的签署，对开展两国版权领域的交流合作具有重要意义，它标志着两国之间的版权合作进入实质性阶段，这不仅为两国版权领域的交流合作注入了新活力，更对国际之间开展版权多边合作具有示范作用，展示了中国负责任大国的形象。

◇ 2010年11月18日，第三届中国国际版权博览会在北京隆重开幕。（赖名芳 摄）

美国商务部副部长、专利商标局局长杜达智表示，中国加强知识产权保护的决心被国际社会所关注，在版权保护领域的成就有目共睹。备忘录的签署，为促进中美两国版权领域的进一步合作奠定了很好的基础。美国版权局局长玛丽·彼得斯也指出，中美两国版权领域的合作将更好地鼓励创新、保护创新成果。

根据备忘录，中美将在版权相关的立法信息与文件交流方面开展合作，就版权相关执法信息和成功经验开展交流，并将通过培训和交流方式，努力使版权立法、行政官员及版权领域相关人员了解和熟悉对方的法律与执法体系，并共同努力就公共宣传与教育活动开展合作以及对各方共同关注的版权问题进行探讨；双方将根据需要商定每年在版权合作领域开展活动计划，尽可能地改善彼此版权制度的有效性，以进一步增强国民及全球经济、鼓励创新领域的经济投资、培养创业精神和创造性，在加速两国版权信息交互与合作方面起到积极的促进作用。

第五节 | 我们完全有能力解决网络环境下的版权问题

一、互联网给中国版权人带来的机遇和挑战

网络和数字技术的发明，可以说是20世纪最伟大的科技革命之一。今天的人们已经很难想象，没有互联网的生活会是怎样？

互联网和数字技术的深入发展和广泛运用，不但改变了人们的工作、学习、交往、娱乐休闲等传统生活习惯，改变了传统社会的组织形态、市场经营模式和交易方式，极大地促进了经济、文化和社会事业的发展，同时也对现有法律制度、管理模式、行为规范，甚至意识形态等社会形态带来了巨大的冲击和挑战。

与此同时，互联网也改变了传统的信息拥有者、传播者和使用者之间的利益格局，网络环境下的版权问题也越来越凸显出来。可以说，我们幸运地生活在了网络数字时代，但也同时承担着网络带来的种种困惑，特别是网络环境下的版权问题更令版权人头痛不已。当然，这个幸运与困惑不仅仅是我们独有。互联网给

◇ 2006年12月15日，国家版权局与美国电影协会、商业软件联盟、美国出版商协会、英国出版商协会在北京签署《关于建立网络版权保护协作机制的备忘录》。（国家版权局版权管理司 供）

传统版权制度带来的挑战、互联网环境下的版权问题，已经成为一个需要全球共同面对的问题。

在2009年的世界知识产权组织成员国大会上，世界知识产权组织总干事加利在工作报告中指出，世界知识产权组织现在面临最大的问题已不是传统意义上的南北争议，而是互联网环境下的知识产权问题。

互联网环境下的知识产权问题是什么？主要就是版权问题。

中国，同样面临着互联网环境下版权保护的严峻形势。中国，比任何一个国家都更重视互联网环境下版权问题的解决。

进入21世纪后，随着互联网在中国的普及和发展，互联网环境下的版权问题随即显现。中国版权行政管理部门高度重视，在开展数次网络专项治理行动的同时，组织理论研讨、交流，成立各种反侵权盗版组织，从立法行政、执法司法、宣传等

◇ 2010年7月9日，柳斌杰（右）会见世界知识产权组织助理总干事克拉克。（赖名芳 摄）

多方面加强网络环境下的版权保护。

2006年5月18日，国务院令第468号公布了根据《著作权法》制定的《信息网络传播权保护条例》，自2006年7月1日起施行。这意味着，在中国，保护著作权人、表演者、录音录像制作者的信息网络传播权已经有法可依。

2006年12月15日，国家版权局与美国电影协会、商业软件联盟、美国出版商协会、英国出版商协会在北京签署《关于建立网络版权保护协作机制的备忘录》，以有效保护著作权人的合法权益，严厉打击通过网络传播盗版电影、软件、文字作品及录音录像制品的行为，加强和促进网络版权保护的国际合作。该《备忘录》约定，在网络版权保护协作机制框架下，国家版权局将与美国电影协会、商业软件联盟、美国出版商协会、英国出版商协会进一步加强和完善著作权授权的认证制度，定期就打击跨国互联网侵权盗版行为及相关问题进行沟通和交流。美国电影协会、商业软件联盟、美国出版商协会、英国出版商协会将及时向国家版权局通报其成员公司在中国寻求保护的电影、软件、文字作品及录音录像制品的详细名录资料，并向国家版权局提供其发现的在中国境内侵犯其会员公司版权的盗版信息和相关资料。国家版权局明确表示将对在中国境内发生的侵犯外方会员公司版权的网络侵权盗版行为进行查处，触犯刑律的将移送司法机关追究刑事责任。

◇ 2010年11月18日，以"音乐畅响未来"为主题的2010国际版权论坛在北京举行。（赖名芳 摄）

二、加入互联网条约时机成熟

世界知识产权组织两个互联网条约（《世界知识产权组织版权条约》和《世界知识产权组织表演和录音制品条约》）是世界知识产权组织于1996年底通过的，主要解决新技术，尤其是数字技术和网络环境下的著作权和相关权保护问题的国际条约。两个国际互联网条约已分别于2002年3月6日和2002年5月20日生效。

2004年以来，中国政府通过中美商贸联委会等途径多次郑重对外宣布，将在适当的时候加入世界知识产权组织的两个国际互联网条约。经中央同意，国家版权局会同国务院法制办、外交部等部门，于2005年初开始开展了我国加入互联网条约的论证工作，深入研究我国加入两个条约的利弊以及与我国法律制度如何与其相衔接的方案。经过一年多的努力，于2006年3月完成了论证和相关文件的起草工作。研究结果表明，随着我国互联网事业的不断发展，加强版权保护、规范网络经营秩序成为行业的呼声。加入两个互联网条约有助于我国更好地借鉴网络环境下著作权保护的国际经验，有利于树立我国保护知识产权的良好国际形象，有利于促进互联网产业的健康发展。加入互联网条约的时机已经成熟。

2006年7月，国家版权局和外交部就我国加入互联网条约事联合报请国务院审核并提请全国人大常委会审议。2006年10月，经过审核研究，国务院正式向全国人大常委会提交了关于加入互联网条约的议案。2006年12月29日，中华人民共和国第十届全国人民代表大会常务委员会第二十五次会议作出加入《世界知识产权组织版权条约》和《世界知识产权组织表演和录音制品条约》的决定。根据决定，互联网条约暂不适用于我国香港和澳门特别行政区。另外，中国政府对《世界知识产权组织表演和录音制品条约》第15条第（1）款作出保留。2007年3月6日，中国政府向世界知识产权组织正式递交加入书。2007年3月9日，世界知识产权组织复函确认收到加入书。按照有关规定，两个条约于2007年6月9日起在中国生效。

加入互联网条约，体现了我国政府树立科学发展观，建设创新型国家和构建和谐社会的努力，此举对于推动我国互联网产业的健康发展，建立健全和完善网络环境下的法律制度，有积极意义。加入互联网条约，将使我国获得在制订和调整版权国际规则方面的话语权，有利于维护国家利益，推动有关国际规则向有利于我国及绝大多数发展中国家利益的方向发展。加入互联网条约，也体现了中国政府履行承诺、遵守信用的负责任态度和保护知识产权的坚定决心。加入互联网条约，有助于向国际社会表明我国打击盗版，保护知识产权的态度和决心，有利于改善我国的对外形象，缓解中外贸易争端。

2008年9月23日，新闻出版总署副署长、国家版权局副局长阎晓宏在率团参加日内瓦召开的世界知识产权组织第45届成员国大会期间，专门会见了世界知识产权组

织新任总干事弗朗西斯·加利，并递交了《世界知识产权组织版权条约》、《世界知识产权组织表演和录音制品条约》适用于香港特别行政区的政府声明。10月1日起，这两个重要的互联网版权公约在香港地区正式生效。

三、我们完全有能力解决网络环境下的版权问题

2009年11月20日，"2009中国版权年会"在北京举办，新闻出版总署副署长、国家版权局副局长阎晓宏发表讲话，阐述了互联网环境下版权迷局的破解之道，表明了"我们完全有能力解决网络环境下的版权问题"的决心和信心。

对互联网环境下的版权问题，我们只有进一步发展版权制度。自从英国《安娜法》诞生以来，现代版权制度已经走过了300年的历程，它的包容性是很强的，制度在不断地完善，包容了更多的人类知识要素，并促使这些知识要素在市场条件下有序流动和结合。因此，互联网现在面临的版权问题也需要我们用一种积极的态度来看待。

著作权基本的精神是什么？是鼓励创新，鼓励知识创造，而且在尊重知识创造的前提下寻求各种授权的使用方式，这是最基本的原则。另一个原则是我们需要找到一个平衡点，使权利人和使用人之间达到一个平衡。找不到这个平衡点的话，我

◇ 2005年9月，国家版权局副局长阎晓宏（左二）率团出访丹麦，就进一步加强两国在版权保护问题上的交流与合作进行深入探讨。（国家版权局版权管理司 供）

们可能难以解决问题，找到这个平衡点，就能促使网络环境下的版权问题向前进一步。从而，网络环境下的版权创造、运用、保护和管理水平必将大大提高，必将推动互联网产业的大发展。

2008年北京奥运会期间，国际奥委会对全球网络盗播奥运赛事的监控结果显示，在全球发生的4200多起盗播活动中，作为主办国的中国不到5%，而90%以上发生在欧美发达国家，中国奥运赛事知识产权保护取得的成果受到国际奥委会的高度赞扬。我们在总结奥运赛事知识产权保护成功经验时发现，我国之所以能取得打击奥运赛事网络盗版的巨大成绩，除中国政府加大对非法盗版活动打击力度之外，一条重要的经验是，当国际奥委会将北京奥运会赛事的网络转播权授予中央电视台和央视国际后，中方的使用者在全国范围内与13个网络机构建立了战略合作关系，形成了覆盖全国的奥运赛事传播网络，满足了广大消费者收看奥运赛事的要求，极大地挤压了网络盗播的空间。如何更有效地探索和建立网络和数字环境下的著作权授权机制，既有利于保护著作权人的合法权利，又促进作品的广泛传播、减少侵权盗版行为，这就是奥运赛事网络知识产权保护的成功经验给我们的启示。

北京奥运版权保护的成功告诉我们，在当今科学技术迅猛发展的资讯时代，版权保护的目的不仅仅是单纯禁止作品的非法传播，而且是引导社会和公众通过合法途径使用和消费作品。

北京奥运版权保护的成功告诉世人，中国版权人有能力来解决互联网环境下的版权问题。

参考文献

01. 柳斌杰：《版权创造财富》，《光明日报》2008年11月1日，第7版。

02. 柳斌杰：《大力开展版权贸易 推动中国文化创新发展走出去》，《中国出版》2008年第9期。

03. 柳斌杰：《不断加大版权保护力度 推进互联网产业健康发展》，《中国新闻出版报》
　　　2007年7月19日，第9版。

04. 柳斌杰：《版权工作要建立健全六大体系》，《中国新闻出版报》2007年8月1日，第1版。

05. 柳斌杰：《让版权事业永续发展——怀念郑成思先生》，《中国新闻出版报》
　　　2008年4月15日，第1版。

06. 柳斌杰：《保护版权就是保护民族自主创新能力》，《中国新闻出版报》2009年4月28日，第1版。

07. 阎晓宏：《中国版权制度的实施与展望》，《中国新闻出版报》2010年10月28日。

08. 阎晓宏：《关于我国当前版权工作的几个问题》，《中国版权》2008年第4期。

09. 阎晓宏：《中国版权保护的现状与发展态势》，《中国法律》2007年第2期。

10. 阎晓宏：《版权保护与知识产权战略》，《人民日报》2007年12月6日，第9版。

11. 阎晓宏：《努力推进我国版权事业的发展——在中国知识产权研究会第五次全国代表大会
　　　暨学术报告会上的讲话》，《知识产权》2008年第4期。

12. 阎晓宏：《改革开放30年伟大进程中的版权事业》，载《知识产权与改革开放30年》，
　　　知识产权出版社2008年版。

13. 阎晓宏：《坚持不懈地开展全民版权意识教育》，《经济日报》2007年4月25日，第11版。

14. 宋木文著：《亲历出版三十年》，商务印书馆2007年版。

15. 宋木文：《中国版权制度的建设》，《中国出版史料》现代部分第三卷。

16. 沈仁干：《艰辛、喜悦与期盼——改革开放中的著作权立法》，《中国版权》2008年第4期。

17．沈仁干：《从"铁路警察，各管一段"说起——忆〈中华人民共和国著作权法〉起草过程中争议较大的问题》，《中国版权》2008年第5期。

18．沈仁干：《世上无难事　只要肯登攀——关于著作权法的修改》，《中国版权》2008年第6期。

19．吴海民著：《中国版权备忘录》，华艺出版社2008年版。

20．吴海民著：《大国的较量》，长江文艺出版社2009年版。

21．刘杲：《中国加入国际版权公约的前前后后》，《中国版权》2008年第6期。

22．任建新：《踏上知识产权新大陆》，载《知识产权与改革开放30年》，知识产权出版社2008年版。

23．白京兆：《版权保护推动产业发展　促进自主创新》，《中国版权》2008年第6期。

24．河山：《〈中华人民共和国著作权法〉的制订和完善》，《中国版权》2008年第5期。

25．刘春田主编：《知识产权二十年》，专利文献出版社1998年版。

26．李明山、常青等著：《中国当代版权史》，知识产权出版社2007年版。

27．祝铭山主编：《著作权纠纷》，中国法制出版社2004年版。

28．张鲁民、陈锦川主编：《著作权审判实务与案例》，中国方正出版社2001年版。

29．程永顺主编：《计算机软件与网络案件法官点评》，知识产权出版社2004年版。

30．赵莹莹：《中国图书版权代理业状况初探》，《文化创意产业通讯》2008年8月号。

31．关捷：《满族书法家大战道琼斯》，《沈阳晚报》2005年11月2日。

32．周林、李明山主编：《中国版权史研究文献》，中国方正出版社1999年版。

33．王和平：《我国改革开放二十年的版权保护述论》，《编辑学刊》2002年第5期。

34．知识产权与改革开放30年编委会：《知识产权与改革开放30年》，知识产权出版社2008年版。

跋 让版权事业在建设创新型国家中发挥更大的作用

阎晓宏／新闻出版总署副署长、国家版权局副局长

2010年对于中国版权界来说，是具有特殊意义的年份。100年前，中国诞生了第一部著作权法《大清著作权律》，开启了我国现代著作权保护的先河；30年前，中国加入世界知识产权组织，使我国融入了国际知识产权保护的大家庭；20年前，新中国第一部著作权专门法律《中华人民共和国著作权法》颁布，揭开了我国新的历史时期著作权保护的新篇章。2010年还是世界上第一部著作权法《安娜法》诞生300周年，所以，2010年，对中国版权人而言，是特别的一年，应该进行总结和思考、规划和展望。

　　《中国版权事业二十年》一书就是国家版权局为纪念新中国著作权法颁布20周年，全面回顾和总结20年来我国版权事业的发展状况和取得的成就，而组织撰写的。本书名称是"二十年"，这个时间节点是从1990年《中华人民共和国著作权法》颁布到2010年。但为了保持历史的连续性，也为让更多的读者深入了解中国在著作权立法阶段的艰辛历程以及著作权法颁布前后中国版权保护的进程，本书在许多重大事件上回溯到了改革开放前，用近20页的篇幅回顾了新中国第一部著作权法孕育的艰辛，将扣人心弦的一幕幕场景再现我们眼前。

　　《著作权法》颁布以来的20年间，中国版权事业取得了令世人瞩目的伟大成就：新中国的著作权保护制度从无到有、逐步完善，建立起了既符合国情又与国际规则相衔接的著作权法律体系，确立了具有中国特色的司法与行政并行的版权保护制度，打击各类侵权盗版取得重大成效，版权相关产业蓬勃发展，版权公共和社会服务体系基本建立，社会公众的版权意识显著增强，版权国际合作与交流不断加强，著作权法律制度在建设创新型国家中的作用越来越突出。中国取得的成就在世界知识产权史上是独一无二的。如此巨大的成就、如此丰富的内容，怎样在这样一本书中展开呢？又怎样以生动活泼的形式为读者接受呢？

　　本书最终选择了以点带面，以大事要闻为主，在梳理、回顾标志性、关键性事件特别是公众关注事件的同时，夹叙夹议，描绘中国版权事业的发展、成绩和思考。

　　在此，要特别感谢新闻出版总署署长、国家版权局局长柳斌杰为本书撰写序言；特别感谢宋木文、于友先、刘杲、沈仁干等中国版权界的老领导、老同志们，他们审读了书稿，提出了许多重要、宝贵的意见，为保证该书的准确、权威起到了重要的作用。还要感谢郑向荣、方圆、张钦坤、张志宇、马力海、常青、郑晓红及人民出版社李春林、茅友生、刘永红等同志的辛勤劳动。在将这样一段历史呈现在读者面前的时候，我想特别讲以下几个问题：

一、正确看待我国当前的版权保护水平

　　改革开放以来，我国的版权事业取得了巨大成就，为世人所瞩目。对中国这样一个处于转型期的发展中国家而言，在进入新的国际循环和国际竞争体系后，我们

正在以更快的发展速度完成发达国家在知识产权保护方面上百年走过的历程，这是中国版权人的努力、也是中国版权人对世界的贡献。

但是，我们也要深刻地认识到，正因为我国还处于转型期，市场经济还不完善，我们在推动版权的创新、使用、保护和管理等方面还存在着不少的问题，有些问题还比较突出，矛盾也还很尖锐。由于中国版权保护的时间短、起点低，在一定程度上存在着侵权盗版问题，这是中国处于现在这个发展阶段所不可避免的。因此，当中国达到国际条约保护的基本门槛时，应当给中国的版权保护一定的时间。要求中国现在就要达到发达国家的保护水平，这既不现实，也不可能。

当然，我们决不能用自然主义的眼光来对待版权保护，决不能以发达国家经历了上百年的版权保护历程为由来为我们设定一个漫长的保护期限，这有两方面的原因：一是我们所处的国际环境已经发生了根本变化，改革开放30年来，我们已完全走出封闭，按照一定的国际规则全面地与世界的发展融为一体；二是全面落实科学发展观、建设创新型国家，都要求我们必须进一步加大知识产权保护力度，以更好地激励全社会的创新精神和创造能力。

对我国当前的版权保护水平，既要有一个客观的认识，又不能顺其自然，而应认清国际大势、奋发有为，这是我们在总结回顾20年中国版权事业的发展时，所应把持的一个基本态度。

《著作权法》自1990年颁布以来，只有2001年为加入WTO和2010年进行了局部修改，20年来尚未进行一次全面修订，我们将根据新技术的发展和实践的需要，积极推动《著作权法》的全面修订和著作权法配套法规规章的适时出台。完备的版权法律体系必将为各类文学、艺术和科学作品的创作、管理、保护和运用提供坚实的保障，将进一步促进中国版权保护水平的提高。

二、服务经济建设、促进产业发展是版权工作的首要任务

在市场经济环境下，版权作为产权化的智力成果所具有的财富属性、产品属性和高附加值属性，使其成为越来越重要的生产要素和财富资源。版权对经济增长的贡献率越来越高，版权在推动相关文化产业发展中具有核心作用。如果没有受版权保护的智力资源支撑，新闻出版、广播影视、文学艺术、文化娱乐、广告设计、软件、信息网络等众多文化产业就成为无源之水、无本之木，缺少了生存的基础。可以说，文化产业的发展很大程度上依赖并取决于版权创造、利用和保护的水平。

当前，版权产业的发展问题已受到一些国家特别是发达国家的密切关注。美国、英国、芬兰、丹麦、澳大利亚等国都开展了有关版权产业对国民经济贡献率的调查活动，用定量的方法来分析版权在经济发展中的贡献率。据调查表明，各国版权产业的发展速度已远远高出其他产业的发展，其增长率几乎是其国民经济增长率的一

倍左右。如：美国版权产业在GDP和就业量中的比重已经超过了6%和4%，对2007年美国经济的总体增长贡献率达到了22%，成为国民经济各行业中生产率最高、成长最快的部门之一。根据世界知识产权组织与国家版权局合作完成的《中国版权相关产业的经济贡献》成果，2006年度中国版权相关产业行业增加值达到13489亿元，占全国GDP的6.4%。面对全球金融危机的压力，我国的版权相关产业仍然保持了逆势而上的良好态势，版权产业在整个国民经济中的地位和作用日益凸显。

我们要充分认识并积极发挥版权在实现经济可持续增长、推动产业发展方面的积极作用，将版权工作置于推动科学发展、加快转变经济发展方式的工作大局之中，切实抓紧抓好。一方面，我们要大力强化版权服务，加大作品登记、合同登记备案、版权质押登记工作力度，提高作品登记、合同登记备案和版权质押登记的质量和数量，不断创新版权公共服务形式，增强版权公共服务能力，完善版权公共服务和社会参与体系。另一方面，要积极运用市场机制，引导和支持市场主体创造和使用版权，并采取转让、许可、质押、入股、合同备案等方式实现版权的市场价值。要加强版权贸易基础性建设，积极探索构建综合性的版权要素市场，鼓励民营资本和社会力量参与版权贸易，支持版权代理、版权评估、版权投融资活动，促进版权成果的转化运用。充分发挥集体管理组织、行业协会、涉外版权认证机构和版权中介机构的作用，支持其依法开展业务活动，建立科学、合法、规范的集体管理和作品授权使用的市场秩序。要推动版权示范城市、示范单位、示范园区（基地）建设，培育一批版权示范主体，为促进版权相关产业发展营造良好氛围，促进版权相关产业健康快速发展。

三、加强执法、厉行监管是版权工作的重中之重

经过二十多年的努力，我国已经构建了一套比较完备的、以"一法五条例"为核心的、具有中国特色又与国际接轨的著作权法律体系。虽然随着新技术的应用和发展，版权法律体系仍有进一步修订完善的紧迫要求，但就总体而言，在我国版权立法逐渐完善、执法体系日臻健全，但侵权盗版屡禁不止、社会版权法律意识还亟待进一步增强的新形势下，版权法律的执行是远比法律的制定更为重要、更为艰巨的任务，加强执法、厉行监管已成为当前我国版权工作的重中之重。

侵权盗版的严峻形势要求我们加强执法，维护我国的国际形象、营造良好的市场环境也需要我们加强执法，切实履行版权行政管理部门的职责更要求我们加强执法。实践证明，法律的生命就在于它的执行。认识这一点，要求我们在执法这个环节投入更多的资源和力量，要求我们各级版权行政管理部门都要把工作重心切实转到加强执法上来，两者不可偏颇。

加强版权执法，包括行政与司法两个层面。司法是我国版权保护最基本、也是

最强有力的法律救济手段，在版权保护中发挥着主导性作用。我国从中央到地方建立了一套比较健全的知识产权司法侦查、审判、检察组织体系。近几年来，我国公安、检察机关依法侦破、逮捕、起诉了一批侵犯版权的犯罪分子，各级人民法院的版权审判力度不断加大，审判效率不断提高，制裁版权犯罪行为取得显著成效。

版权行政执法是中国版权保护制度的一个显著特点。版权行政执法的优势在于便捷及时、程序相对简化、成本较低而且见效快。实践证明，司法保护与行政保护并行的双轨执法体制，既有利于发挥司法保护在版权保护中的基础性、主导性作用，又有利于发挥行政执法及时、快捷、高效的特点，符合我国"尚处转型期、又是发展中国家、市场经济不很完善"的发展现状，有效遏制了侵权盗版活动的蔓延，保护了权利人的合法权益，维护了市场秩序，发挥了重要而积极的作用。

同时，我们还要认识到，政府在版权保护方面负有重要责任，但不是全部责任，应当按照法律进行区分。不能采取对中国的版权保护制度一方面持批评态度，一方面遇到问题就找政府，无限制地加大政府责任的做法。在逻辑上这是矛盾的。在知识产权保护方面，政府的行政保护应是一个由强到弱的过程，但在现阶段，针对侵权盗版十分严峻的现状，行政执法应当加强，也必须加强。当前一段时期内，版权执法的重点应当始终放在少数恶意侵权的盗版分子身上，而不是公众。对以营利为目的的非法使用作品的盗版分子，特别是那些集团性的侵权盗版犯罪活动分子，要依法加大行政处罚力度，追究他们的刑事责任，以创造和提供一个作品公正使用的良好社会环境，这是政府的责任。对于大量个体作品使用中出现的纠纷，应尽量通过协调和民事诉讼的途径去解决，不能都动用国家行政力量。

今后，我们将进一步加强司法和行政保护的衔接，强化刑事打击力度，提高版权管理和执法能力，突出重点打击以营利为目的的集团性的侵权盗版犯罪活动，使侵权盗版行为得到基本遏制，版权市场环境得到显著改善。最终我们将形成刑事、民事、行政以及社会调解机构四位一体的完备的版权保护体系——中国的版权保护将实现根本性的好转。

四、提高公众的版权观念仍是版权工作的关键点

法律是刚性的，它用强制力来约束公民的行为，观念是高于法律的，它可以自觉调整和约束公民的行为。因此，我们在法律层面加强版权保护监管的同时，必须始终不渝地向公众介绍、宣传符合公众利益和国家根本利益的版权知识，提高公众的版权观念。

近年来，虽然我国不断加大对侵权盗版的打击力度，并持续不断地开展普及版权知识与提高版权意识的教育。但是，由于我国处在社会发展的转型期，社会和公

众的法律意识整体水平还不高，对侵权盗版的社会危害性还缺乏足够的认识，社会公众的版权保护意识还不高，"盗版无害论"在社会上还有相当的市场，客观上纵容了侵权盗版行为的蔓延。一些地方出于眼前利益，认为打击侵权盗版会影响当地的经济发展，甚至把打击版权犯罪与发展经济对立起来，搞地方保护主义，对侵犯版权的违法犯罪行为纵容包庇。企事业单位的版权意识普遍薄弱，不少企事业单位既不知道尊重他人的权利也不清楚怎样维护自己的权益，放任了侵权盗版行为的滋生。

所以，版权的宣传教育工作仍是版权工作中亟待加强的重要环节，必须从版权工作的战略高度来认识这个问题。在这个方面的投入还需要加强、加强再加强，在宣传教育的方法上，需要改进、改进再改进。我们必须树立面向社会、面向公众开展版权宣传教育的方针，把面向社会公众的宣传教育与学术研究、专业教学区别开来。

我一直认为，一个民族的版权认识水准决定着一个国家版权保护的水平和版权发展的水平。因此，我们要长期不懈地开展全民版权意识的教育工作，并且我们要意识到，版权教育的重点始终是公众。对于公众中一些人从眼前的好处与实惠出发购买或使用盗版物，应当教育，也只能教育，而不是查处。因为从经验与事实来看，宽容盗版并不能使普通百姓致富。对盗版的纵容姑息必将会破坏法律秩序，扰乱社会秩序，挫伤民族创造力，根本上是损害国家利益和公众利益的。努力营造"尊重知识、尊重劳动、尊重人才、尊重版权"的良好社会氛围，进一步加大版权宣传教育力度，提高公众的版权意识，使版权保护理念根植于人们的内心，成为公民自觉的法律习惯和良好的道德规范。这是我国版权事业得以长足进步和可持续发展的基础和保障。

当前，中央提出建设创新型国家，颁布了《国家知识产权战略纲要》，把知识产权工作放到了国家战略地位的高度。在这个过程中，版权作为知识产权的重要部分，在创新型国家中必将会发挥出更大的作用，版权智力成果作为重要的生产要素和财富资源在促进文化等相关产业发展中的作用将更加显著。作品的创作将更加丰富，作品的交易和使用将更加便捷，版权智力成果的应用和转化将更加广泛，新闻出版、广播影视、文学艺术、文化娱乐、广告设计、工艺美术、计算机软件、信息网络等版权相关产业对国民经济的贡献率将进一步提高。版权社会服务体系将更加完善，一大批适应市场经济需要的版权中介组织、行业协会和各类集体管理组织将在推动版权智力成果的运用及商品化、产业化和市场化过程中将发挥更大作用。

展望未来，我们有充分的理由相信，中国的版权事业将会迎来一个宽阔而又更加美好的明天！

责任编辑:茅友生　刘永红

图书在版编目(CIP)数据

中国版权事业二十年/国家版权局 编. -北京:人民出版社,2011.11
ISBN 978－7－01－010194－1

Ⅰ.①中…　Ⅱ.①国…　Ⅲ.①版权－研究－中国－1990～2010　Ⅳ.①D923.41

中国版本图书馆 CIP 数据核字(2011)第 171663 号

中国版权事业二十年
ZHONGGUO BANQUAN SHIYE ERSHI NIAN

国家版权局　编

人民出版社 出版发行
(100706　北京朝阳门内大街 166 号)

北京雅昌彩色印刷有限公司印刷　新华书店经销

2011 年 11 月第 1 版　2011 年 11 月北京第 1 次印刷
开本:889 毫米×1194 毫米 1/12　印张:19
字数:298 千字

ISBN 978－7－01－010194－1　定价:99.00 元

邮购地址 100706　北京朝阳门内大街 166 号
人民东方图书销售中心　电话 (010)65250042　65289539

ISBN 978-7-01-010194-1
9 787010 101941 >